高等职业教育理论与实践探索

郑梦莉◎著

吉林出版集团股份有限公司
全国百佳图书出版单位

图书在版编目（CIP）数据

高等职业教育理论与实践探索 / 郑梦莉著 . –– 长春：
吉林出版集团股份有限公司 , 2024.3
ISBN 978-7-5731-4821-6

Ⅰ . ①高… Ⅱ . ①郑… Ⅲ . ①高等职业教育—教学研
究—中国 Ⅳ . ① G718.5

中国国家版本馆 CIP 数据核字 (2024) 第 079781 号

高等职业教育理论与实践探索
GAODENG ZHIYE JIAOYU LILUN YU SHIJIAN TANSUO

著　　者　郑梦莉
责任编辑　李婷婷
封面设计　张　肖
开　　本　710mm×1000mm　　　　1/16
字　　数　200 千
印　　张　12.5
版　　次　2024 年 3 月第 1 版
印　　次　2024 年 3 月第 1 次印刷
印　　刷　天津和萱印刷有限公司

出　　版　吉林出版集团股份有限公司
发　　行　吉林出版集团股份有限公司
地　　址　吉林省长春市福祉大路 5788 号
邮　　编　130000
电　　话　0431-81629968
邮　　箱　11915286@qq.com
书　　号　ISBN 978-7-5731-4821-6
定　　价　72.00 元

前　言

　　高等职业教育是高层次的职业教育，属于高等教育的范畴，是高等教育的一个重要组成部分。高等职业教育要实行"双证书"制度，要以社会需求和就业为导向，更多地面向社会、面向市场，直接、有效地为社会经济发展服务，其目标是培养适应生产、建设、管理、服务等第一线需要的高级应用型人才。教学体系和课程结构的改革是高等职业教育改革的核心，应坚持"以必要的理论为基础，以能力为本位"的教学模式，校企联合，走产、学、研结合之路。在实践中，很多高等职业院校积极创新，不断改革，通过进行课程设置、教学内容的整合，实施订单式培养，推行毕业设计、岗位训练和就业安置相结合的方法，开展各种技术竞赛、科研训练等活动和方式满足用人单位对应用型人才的需求。

　　本书第一章为高等职业教育的基础理论，分别介绍了高等职业教育的界定与发展背景，高等职业教育的性质与特征表现，高等职业教育的功能解析，高等职业教育特色研究等四方面的内容；第二章为高等职业教育整合理论构建，介绍了四方面的内容，分别是整合的理论价值与特征描述，整合，高等职业教育的逻辑起点，整合，高等职业教育的核心范式，整合，高等职业教育应有的思维方式；第三章为高等职业教育的发展及对策，分别为高等职业教育的发展概述，高等职业教育的发展对策，基于高等职业教育发展理念提出策略建议，高等职业教育的其他发展策略；第四章为高等职业教育的专业设置与人才培养模式，分别介绍了高等职业教育的专业设置，高等职业教育的培养目标，高等职业教育的人才培养模式；第五章为高等职业教育的课程体系，分别介绍了高等职业教育课程体系构建的依据与方法，高等职业教育课程体系的结构，高等职业教育课程内容体系；

第六章为高等职业教育的教学方法与实践，分别介绍了高等职业教育的教学方法，高等职业教育的教育技术，高等职业教育的实训基地建设三方面的内容。

在撰写本书的过程中，作者得到了许多专家学者的帮助和指导，参考了大量的学术文献，在此表示真诚的感谢。由于作者水平有限，书中难免会有疏漏之处，希望广大同行及时指正。

郑梦莉

2023 年 5 月

目录

第一章 高等职业教育的基础理论

近年来，中国的高等职业技术教育取得了长足的进步，为促进经济和社会的发展作出了巨大贡献。本章主要介绍了高等职业教育的理论研究，主要从四个方面进行了论述，分别是高等职业教育的界定与发展背景、高等职业教育的性质与特征表现、高等职业教育的功能解析、高等职业教育特色研究。

第一节 高等职业教育的界定与发展背景

一、高等职业教育的界定

我们需要深入探讨高等职业教育的定义，以及它与普通高等教育和高等专科教育之间的联系，它们在认知上仍存在许多分歧。因此，如何建立一个统一的、明确的概念框架和认知，将高等职业教育的基本认识统一起来，是当前高教研究的重要课题。

（一）以往高等职业教育的界定

我国的高等教育被分为两种类型：普通高等教育和成人高等教育。普通高等教育的概念被界定为："以符合规定要求并尚未就业的青年为主要培养对象，以全日制为主要施教形式的各级高等教育。"[①] 而成人高等教育的概念为："对符合规定入学标准的在业或非在业成年人实施的高等教育，旨在满足成年人提高自身素质

---

① 顾明远.教育大辞典 [M].上海：上海教育出版社，1997.

或适应职业要求的需要，是培养专门人才的途径之一。其特点是办学和教学的形式多样化，分学历教育与非学历教育两种。"① 高等教育机构可以分为两类：普通高等学校和成人高等学校。普通高等学校主要提供全日制高等教育，旨在培养符合国家入学标准的高中毕业生。成人高等学校则专门为在职人员提供高等学历或非学历教育，包括干部管理学院、职工大学、职工业余大学、农民业余大学、广播电视大学、函授大学、教育学院等。这些机构都致力于为社会培养更多有能力的人才。根据培养对象和教学组织形式的差异，可以明确地将高等教育划分为不同类型。

随着改革开放的不断深入，在 20 世纪 80 年代，一些经济发展迅速的城市开始着手培养当地经济所需的高素质应用型人才。经国家教育主管部门批准，我国首批 13 所职业大学应运而生，并在不断发展壮大，最终达到 128 所②。随着职业大学的出现和发展，高等职业教育在我国迅速普及，学历教育部分被归类为普通高等教育，而高等职业培训部分则被归类为成人高等教育。1986 年国务院发布的《普通高等学校设置暂行条例》的第一章第二条中指出："本条例所称的普通高等学校，是指以通过国家规定的专门入学考试的高级中学毕业生为主要培养对象的全日制大学、独立设置的学院和高等专科学校、高等职业学校。"可以说，在 20 世纪 80 年代，我国高等教育实践和人们对教育的认识水平都得到了很大的提升，因此，对高等职业教育的界定也得到了相应的改变。职业大学的兴起旨在培养地方急需的高等应用型人才。但是，当时的社会环境更多地关注高等教育规模的扩张，而忽视了高等教育结构的改善，实用知识的价值也没有得到充分的肯定，人才类型多样化的观念也没有形成，这些都给高等职业教育的发展带来了极大的挑战，需要我们加以重视和改进，以满足社会的需求，促进高等教育的发展。职业大学与高等专科学校一样，都是为了满足普通高等教育的需求。

（二）以往高等职业教育界定的局限性

随着时代的发展，高等教育的形式和学校类型变得越来越多样化，人们对高

---

① 顾明远. 教育大辞典 [M]. 上海：上海教育出版社，1997.
② 刘金桂，史秋衡. 高等职业教育发展研究 [M]. 厦门：厦门大学出版社，2004.

等教育的理解也更加深入。这使得原本用来区分高等教育类型的标准不再适用，对高等职业教育的界定也变得更加局限。

首先，近年来，以"尚未就业的青年为主要培养对象"和以"全日制为主要施教形式"已不能满足普通高等教育的需求，这是因为成人高等教育的受众年龄正在逐渐缩小，他们大多是高考落榜生，而且大多接受了脱产全日制学历教育，因此，普通高等教育的界限正在变得越来越模糊。目前，大量职业大学致力于培养"适应职业要求"的应用型技术人才，这与普通高等教育的培养目标有着明显的不同，但又与成人高等教育有着相似之处，只是其培养对象更多的是未成年人。

其次，在我国，初、中等教育分为普通教育和职业教育两种类型，前者包括普通初中和普通高中，而后者则涵盖了职业技术学校、中等师范学校等专业学校以及20世纪80年代才出现的职业高中，以满足不同人群的教育需求。从20世纪60年代开始，高等职业教育的兴起和发展，都表明它是职业教育体系的重要组成部分。这一点也可以从近几十年来我国政府出台的一系列政策、法规和文件中得到证实。例如，1985年《中共中央关于教育体制改革的决定》中提到："发展职业技术教育要以中等职业技术教育为重点，发挥中等专业学校的骨干作用，同时积极发展高等职业技术院校，优先对口招收中等职业技术学校毕业生以及有本专业实践经验、成绩合格的在职人员入学，逐步建立起一个从初级到高级、行业配套、结构合理又能与普通教育相互沟通的职业技术教育体系。"根据上述文件，我们可以发现高等职业教育是一个独立的体系，它不仅仅是普通教育的一部分，而且也应该在高等教育阶段得到重视和发展。因此，我们应该积极探索高等职业教育的发展模式，以更好地满足社会对高等教育的需求。如果我们继续按照"普通高等教育"的标准来划分高等职业教育，则将导致职业教育体系的混乱，从而阻碍高等职业教育的发展，甚至可能会影响社会的发展和经济的繁荣。自20世纪90年代以来，我国高等教育取得了长足的进步，人们对高等教育的认识也发生了巨大的变化。高等教育的主动性、结构性、大众化和人才多样性等问题日益受到重视，而研究和解决这些问题也为发展高等职业教育提供了重要的参考。为了更好地适应社会的发展，高等教育应该不断更新和改进，以培养多样化的人才。我国原有的高等教育更注重培养学术型人才，但现在，我们应该注重发展实用技术型院校，培养社会所需要的高等职业技术人才，以满足社会的需求。20世纪80年代以来，高等职业教育一直被视为普通高等教育的一部分，职业大学在招生和毕业生就业方面处于劣势地位，被认为是"高等教育"的一种形式。然而，随着社会的发展，高等职业教育正在发挥着越来越重要的作用，为社会提供了更多的就业机会。许多职业大学努力朝着传统的普通高等学校发展。然而，这种发展并未体现出高等职业学校应该培养的技术应用型人才，反而使得学术型、工程型人才的培养变得更加普遍。随着对高等教育的认识不断深入，高等职业教育和普通高等教育之间的界限越来越模糊，因此，将它们分开成为一种必然的趋势。

（三）对高等职业教育的重新界定

对高等职业技术教育的重新定义至关重要，不仅关系到高等职业院校的培养目标和课程安排，更关系到高等职业技术教育未来的发展。为此，我们需要深入理解职业、职业教育、技术、技术教育和职业技术教育的概念，以便更好地把握其中的精髓。"应做分内之事"是职业的最初定义，但随着时代的发展，职业已经不仅仅局限于"应做分内之事"，而是涵盖了人们日常生活中的各种职能，并在社会分工中扮演着重要角色。通过职业教育，学习者可以掌握专业技能，从而提升职业素养，实现职业发展的目标。此外，技术也可以被视为一种能力，可以帮助学习者掌握如何运用自然资源，以及如何有效改善环境，从而提高工作效率。通过技术教育，人们可以获得有关如何运用这些知识来实现特定目标的全面培训，以满足不同行业的需求。此外，职业技能培训也是将这些知识与实践相结合的一个重要组成部分。

经过深入分析和研究，我们可以将高等职业技术教育定义为一种特殊的社会实践活动，旨在培养具备技能、工艺、应用能力和实用技能的高级人才。它是高等教育的一个重要组成部分，是一种全面发展的教育形式，至少涵盖了以下几个方面：

第一，高等职业技术教育是一种具有重要意义的社会活动，旨在通过有意识的教育来促进受教育者的身心发展。它不仅仅是一种特殊类型的教育，而且还是一种更广泛的教育形式，具有更深层次的含义。

　　第二，高等职业技术教育是高等教育的重要组成部分。它不仅涵盖了大专层次，还包括本科层次和研究生层次，具有更高的学历水平和更广泛的社会影响力。

　　第三，普通高等教育旨在提供全面的知识、技能和素质，培养学生的创新思维、实践能力、科学研究能力和工程技术能力，以满足社会对高素质人才的需求。高等职业技术教育拥有独特的优势，这种优势体现在三个方面：一是专业性，它将专业知识、实践经验、创新思维、实践能力融入课程体系中，让学生掌握专业知识，更好地满足社会发展的需求。二是实用性，它将实践经验融入理论知识中，让学生更容易掌握专业技能。这种新型的高等技术教育旨在培养学生的专业技能，并帮助他们在工作中取得成功。三是实践性，高等职业技术教育旨在培养出能够胜任生产和服务第一线的高级应用型人才，他们在毕业后可以立即投入工作，并且能够熟练操作。因此，高等职业技术教育必须具备极强的实践性。为了达到这一目标，我们需要采取多种措施，包括开展大量的实践训练，以满足不同职业岗位的需求。

　　第四，高等职业技术教育和普通教育应该建立良好的联系，以促进两者的发展。高等职业技术教育包括初级教育和中级教育，构成了一个完整的体系。因此，两者之间应该建立起有效的沟通渠道，以促进两者的发展。

　　当前，"高等职业教育的含义""要发展高等职业教育的原因"和"如何发展"的观点存在较大的分歧，而"高等职业教育的含义"的观点则更加多元化。一些学者认为，高等职业教育不仅仅是一种职业教育的高级形式，而且也是一种独特的高等教育，具备职业教育的特点，可以满足社会对技能、能力、素质的需求。职业教育旨在培养具备技术应用能力和技艺技能的专业人才，以满足当今社会对高素质劳动者的需求；而高等教育则是一种以高中文化程度为基础的第三级教育，旨在提供更高层次的职业技能培训，以满足社会对高素质劳动者的需求。高等职业教育是一种多元化的教育形式，既包括学历教育，也包括非学历教育，根据《职业教育法》第13条、第14条和第25条规定，学历教育被称为高等职业学校教育，而非学历教育则被称为高级职业培训。

　　学者们普遍认为，高等职业教育旨在培养具有技术能力的人才，包括学历教育和非学历教育两部分，其中，学历教育涵盖了大学专科、大学本科和研究生三个层次。目前，我国高职教育主要以大专为主，它与我国高专教育的主要特征是一致的，属于国际教育标准分类中的第五层次教育，而非学历教育则主要指的是职业资格证书技术等级培训。

在西方，"职业教育"（vocational education）是一种旨在培养一般技术人员或半熟练工人的教育与培训，而高一层次的"职业教育"则是一种"技术教育"（technical education），旨在培养更多的技术人员，更高一层次的"职业教育"则是一种旨在培养工程师或高级专业技术人员的"专业教育"（professional education）。因此，vocational education、technical education 和 professional education，这三个词分别代表了职业人才培养的三个不同层次，分别对应"工人""技术员""工程师"，这为我国职业教育提供了重要的参考。"高等职业教育"与"高等专业技术教育"有着相似的特点，都是针对技术员和工程师等职业人才的教育和培训，旨在提升他们的职业技能和能力。20 世纪 80 年代，联合国教科文组织将"职业教育"定义为一种重点培养实践能力（skilled personnel）的中等教育后期教育，旨在提供中级技术人员、中级管理人员以及大学毕业生的高级管理能力。而"技术教育"则是一种针对第三级教育的初期教育，旨在培养学生的实践能力，帮助他们获得更高的职业技能。技术教育涵盖了多种形式，从基础的理论知识到高级的技能训练，从而满足不同类型的人才需求。尽管这些规定可能与我国的实际情况有所出入，但它们仍然是我国技术教育发展的重要参考。

（四）重新界定的意义

通过对高等教育类型的明确界定，不仅可以更好地满足当前的教育需求，而且还可以带来诸多优势：

第一，通过统一认知，消除实践中的矛盾，有助于推动高等职业教育的健康发展。随着社会的进步，高等职业教育已经成为一种独立的学习形式，不仅可以弥补普通高等教育和高等专科教育之间的差距，还可以帮助人们更好地认识高等职业教育的重要性，从而使其具备更大的发展空间，可以创造出更加独特的教育模式。

第二，为了更好地建立一个完整的职业教育体系，将初等、中等和高等职业教育有机结合起来。高等职业教育的独立性，以及它培养高素质技术型、技能型人才目标的确定，为中等职业教育与高等职业教育的衔接提供了强大的支撑，从而推动了职业教育体系的建设和完善。

第三，将高等教育划分为不同的类别，理论上，我们认为，高等教育的目标应该既体现出学术性，也体现出对职业的关注。然而，在实际操作中，这种矛盾往往会使我们陷入一种不能自拔的困境。因此，应当把高等教育划分为两类：普及型和专业型，前者以学术性为主，致力于打造具有全球影响力的研究型综合大学，以提升国家的学术声誉；后者则以职业性为主，以便满足地方经济发展的需求，从而完善中国多元化的高等教育体系。

综上，高等职业教育旨在培养技术型人才，以满足社会对生产和服务第一线人才的需求。它不仅仅是中等教育的延伸，还是一个涵盖大专、本科、硕士等多个层次的综合性教育体系，是高等教育的重要组成部分，具有重要的社会意义和经济价值。高等职业教育是社会发展的必要组成部分，与其他类型的教育有着密切的联系，但又有着自己独特的培养目标和体系要求。

二、高等职业教育的发展背景

随着世界经济的复苏，高等职业教育的发展也迎来了新的机遇。1945 年以来，西方国家和国际组织都开始着手研究高等教育发展的目标，以满足经济发展的需求，并且对高等教育的数量和质量提出了更高的要求。

（一）国际高等职业教育发展背景

随着第二次世界大战结束，全球进入了一个新的科技革命时期，工业化的发展已经从少数国家蔓延到了大多数国家。经济和科技的飞速发展，使得劳动力的组成从体力劳动转变为脑力劳动，职业的变化也越来越迅速，职业类型不断增多，技术含量也在不断提升，这给高级技术人才带来了更多的挑战和机遇。随着时代的发展，西方社会现代化理论、人力资本论和人力规划理论，为高等职业教育的发展提供了强有力的支撑，促进了其发展。因此，第二次世界大战后世界高等职业教育的发展非常迅速。从高等教育的发展历程看，把高等职业教育作为高等教育的一个独立部分，先是从美国开始的。高等职业教育是美国人在高等教育领域中的一个创新。美国高等职业教育机构统称为"社区学院"。美国的社区学院不但满足了广大青年接受高等教育的愿望，而且它的专业设置灵活，根据社会的需求不断变化，学习时间较短，主要进行各类职业的技术培训，适应社会对一般技术人才的需要，受到社会的欢迎。随着时代的发展，美国的社区学院取得了惊人的成就，从 1950 年到 1960 年的 10 年间，二年制学院的学生人数激增了超过 1 倍，而从 1960 年到 1970 年，这一数字更是翻了一番，目前，美国共有 3638 所高等学校。其中，社区学院和专科学校占比超过 2000，而学生总数的 40% 也都是在这些学院就读。①

美国的高等职业教育体系，不仅仅是提供一个免费的、有利的机会，更重要的是，为许多渴望获得更好的教育的人们提供了一个平台，让他们有机会获得更多的知识和技能，从而让美国的高等教育从一个小规模的社会转变成一个更加广泛的社会。在过去的 20 年中，美国的经济发展主要依靠提供服务和信息。在这一过程中，拥有商科、工科、健康和教育等领域的学士学位的人数比例也有所提升，由 1971 年的 50.1% 上升至 1993 年的 59.1%。这说明，大多数人都希望获得与自己的职业相关的高等教育。②

日本随着西方发达世界进入经济高速发展的黄金时期。由于日本领土狭小、资源匮乏，为了实现经济强国的目标，日本政府"中央教育审议会"积极采取措施，加大对高等教育的投入，以满足第二次世界大战后经济发展所需的各类人才的需求，并与企业界、教育界共同努力，推动高等教育改革。1962 年，日本文部省发表了《日本成长的教育》，该书以"人力资本理论"为基础，强调了教育对于国家经济发展的重要性，并且提出了实施产学合作教育体系的可行性方案。日本在过去几年里大力发展理工教育，不仅建立了"五年一贯制"高等专门学校，还开设了二年制短期大学，并与企业合作，开展"产学合作教育"等多种形式的培训，为日本的产业部门培养了大量的高级科技人才和中低级技术人员。在 20 世纪 50 至 60 年代，日本高等教育的毛入学率大幅提升，包括针对妇女的短期大

---

① 李承先. 高等职业教育新论 [M]. 北京：中国书籍出版社，2018.
② 侯作亭. 高等职业教育课程改革研究 [M]. 长沙：国防科技大学出版社，2008.

学、针对第二产业的高等专科学校、针对第三产业的专修学校，这些学校的发展都取得了显著的成果。日本短期大学的在校学生中的 90% 以上是女性，这一方面是因为短期大学的专业以家政、教育等适合女性就业的居多，另一方面是因为普及教育的提高，女性也要求接受高等教育，以便提高她们的社会地位。在传统的日本社会中，女性一般不参加社会工作。虽然目前这种传统有所突破，但是，在第二次世界大战后相当长的时期内，这种传统仍占主导地位。所以，既然女性在结婚后一般不参加工作，她们也不愿花很长时间读大学本科，短期大学不但学习时间短而且专业也适合女性的需要，因而形成日本的短期大学的学生主要是女生的局面。但是，日本还有一类从事高中后高等职业教育的学校，即专科学校。到目前为止，日本政府仍不承认它们属于高等教育范畴。专科学校于 1976 年正式获得法律地位。20 世纪 80 年代以来，这类学校发展很快。到 1996 年，专修学校中学习年限超过 2 年的学生达 60 多万人，而同年，短期大学和高等专科学校的在校学生总数只有 50 多万人。所以，专科学校教育规模比短期大学和高等专门学校的综合规模还要大。

在 20 世纪 50 至 60 年代，日本的高等教育取得了巨大的发展，其中包括 1960 年至 1970 年的 10 年间，短期大学的招收人数急剧上升，使得日本的高等教育普及率达到 15.8%，这标志着日本的高等教育正式迈入了大众化的阶段。这种转变的实现，得益于日本不断推动的短期大学和高等专科学校的建设。[①]

自 20 世纪 40 年代以来，英国政府一直在努力改善高等教育的结构，以满足战争对科技人才的需求，并将重点放在科技教育上，以减少战前学习人文和社会科学的学生比例过高的问题。这一举措旨在激励和培养更多的高级科技人才，以应对战争带来的挑战。20 世纪 50 年代，英国政府采取了大力发展高等技术教育的政策，取得了显著的成效，培养出了大量的高级科技人才，但仍有待于进一步改善，以满足社会发展的需求。《罗宾斯报告》在 20 世纪 60 年代提出，英国高等教育的主要目标是培养能够胜任一般劳动部门工作所需的技能，并将此作为首要任务。然而，职业教育在现实中往往被忽视，因此，英国试图加强对职业教育

---

① 李承先. 高等职业教育新论 [M]. 北京：中国书籍出版社，2018.

的重视，以提高英国高等教育的质量。《罗宾斯报告》显示，"新大学"的成立为大学入学带来了巨大的变化，使得高等教育结构变得更加合理。

1966 年，英国政府发布了《多科技术学院和其他学院计划》白皮书，标志着英国高等教育的双重制开始形成。该计划鼓励高等教育开设职业性课程，以满足社会对技能和创新的需求，而这些课程长期以来一直被英国大学忽视和不愿承担。1969 年至 1973 年间，英国政府通过合并原有的技术学院和继续教育学院，组建了 30 多所多科技术学院。1987 年发表的《高等教育：迎接挑战》白皮书指出，英国政府认为高等教育应有更加宏观的目标，强调高等教育服务经济的重要性，并且指出满足经济需求不仅仅是高等教育的唯一目标，而且单靠高等教育也无法满足国家的经济需求，因此，为了实现国家的经济发展和社会进步，政府应该采取更加积极的措施，以促进高等教育的发展，为国家的经济发展和社会进步作出贡献。为了满足国家经济发展的需求，高等教育机构应当积极投入资源，努力提升自身的经济效益。1997 年发表的《学习社会中的高等教育》报告，除了强调终身学习和学习化社会的重要性之外，再一次强调要建立多样化的高等教育结构，以适应新的学习化社会和经济发展的要求。

伴随着战后经济的恢复和繁荣，德国接受高等教育的人数日益增多。在高等教育向大众化发展的过程中，德国于 1968 年创立高等专科学校和职业学院，经 20 世纪 70 年代初和 90 年代初的两次大发展，1992 年高等专科学校已达 153 所，比 1982 年增加 32 所；而传统大学 1992 年 122 所，比 1982 年减少 12 所；到 1994 年，高等专科学校达 167 所，占高校总数的 51.4%，在校生 47.2 万人，占高校生总数的 27.5%。[①] 全德国 3/4 的机电工程师、1/2 的企业经济师和 1/2 的计算机工程师都毕业于专科大学。这种以应用型高级人才为培养目标的专科大学已成为培养德国工程师的摇篮。正如康斯坦茨大学教授派泽特和弗拉姆在《德国高等教育结构与发展》一书中所说："专科大学是在职业教育机构的基础上，通过改变其法律地位和培养制度而产生的。它与学术性大学一起构成了一种新的高等教育体系。"

---

① 李承先 . 高等职业教育新论 [M]. 北京：中国书籍出版社，2018.

（二）我国高等职业教育发展背景

职业技术教育源远流长，随着人类社会的社会分工和职业的发展而发展。古代社会以口传身教、观察模仿、子继父业、师徒相传等形式为主。随着资本主义工商业的发展，职业教育进入规范化发展的新阶段。我国高等职业教育的雏形的出现可以追溯到隋唐时期。隋朝太史局主要培养天文历数人才。到唐时，这一部分的范围更广泛，门类也大大增多，这个时期的专业教育出现了空前局面，书学、律学、算学、药学、武学、艺徒学等普遍开展，还有培养医药人才的太医署。此后，各朝各代都设有培养执法官职的律学、培养军事人才的武学、培养书法艺术人才的书学、培养绘画人才的画学、培养玄学人才的玄学、培养音乐人才的音乐学校、培养工艺人才的工艺学校，到清代出现了培养商业人才的商学。这些学校主要是为培养封建统治者所需要的一些专门人才，培养的人才层次较高，但数量极少。

我国现代的高等职业教育始于洋务运动。鸦片战争以后，中国逐步沦为了半殖民地半封建的社会，这是中国近代史的开端。当时，具有先进思想的中国人不断奋起反抗外来侵略，并向西方国家寻找救国真理。许多有识之士认为，要救国只有向强国学习。在政治方面，有的人反对封建专制，主张君主立宪或民主共和制；在经济方面，兴办工农商业；在教育方面，有的人主张废科举，兴学校。清王朝在创办军事工业的同时开办了实业学校。当时改革的先驱者如龚自珍、林则徐、魏源等倡导新学，提出"经世致用""师夷长技以制夷"的口号，他们的思想在当时产生了积极影响。

在第二次鸦片战争失败和太平天国运动的打击下，清政府为了维护摇摇欲坠的封建专制统治，谋求富强之道，开始学习西方军事技术，创办了一些新型学校。此外，在19世纪70年代，一部分商人、地主和官僚投资于新式工业，也要求开办新式学校。到了19世纪末，由于帝国主义对中国的经济侵略，中国封建社会经济基础逐步瓦解。因洋务官办工业的破产，清政府对民办企业作了有限的让步，使中国资本主义官僚商办企业和民族工商业有了初步发展。这就相应推动了工、商、矿业新型学校的举办。

1. 萌芽期

随着清末新学制的建立，我国最早的高等职业教育随之诞生了。这是清廷在内外交困的情况下，洋务派为了实现富国强兵的目标，以及甲午海战后维新派为了拯救国家免于灭亡而努力推行的一种新学术思想的结果。高等教育在我国社会发展中发挥了重要作用。清末颁布的新学制有两次：第一次是1902年张百熙奏颁的《钦定学堂章程》（亦称"壬寅学制"），这是中国近代最早的一个学制，这个学制虽经颁布，但并未实行。第二次是1904年1月由张百熙、荣庆、张之洞重订的《奏定实业学堂章程》，这是付诸全国实行的最早学制，首次将实业教育列入学制。《奏定实业学堂章程》将实业学堂分为初等（相当高小）、中等（相当中等教育）、高等（相当高等教育）三等。其中，高等实业学堂（现行的高等职业教育）分农业、工业、商业、商船四类，招收18岁以上中学毕业和同等学力者。农业、商业均设预科、本科，预科一年毕业，本科除农学科4年外，余均3年毕业。工业、商船只设本科，前者3年毕业，后者轮机科5年、航海科5.5年毕业。高等农业学堂本科分农学、森林、兽医3科，在殖民垦荒之地可设土木工科。工业类分为应用化学、染色、机织、建筑、窑业、机器、电器、电气化学、土木、矿业、造船、漆工、图稿绘画等本科。高等实业学堂设1年制选科和招收本科毕业生的专攻科，专攻科学习年数视其学科酌定。1909年，全国共有高等实业学堂13所，其中，工业7所、农业5所、商业1所。

在辛亥革命后，国民政府在1912年和1913年制定了新的学制体系，将实业学堂改名为实业学校，并分为甲、乙两种。然而，实业学校与实业学堂并无本质区别，发展速度仍然相当缓慢。从1912年到1916年，实业学校的总数从425所增加到了525所，但学生数却从31 736人减少到了30 029人。[①] 在这段时间中，许多教育界人士研究了欧美各国的教育体系，越来越多的学者开始推崇实用主义教育理念，并努力宣传西方普通教育和职业教育的结合。1917年5月，黄炎培与48位教育界和实业界的精英共同发起了"中华职业教育社"，将实业教育正式改名为"职业教育"，开启了一个全新的时代。他们积极宣传职业教育，努力推

---

① 鲍杰. 新世纪高等技术与职业教育改革的探所与实践 [M]. 北京：高等教育出版社，2004.

动其发展。1919 年，教育部令各专门学校酌设专修科，年限在 2 年以内。在第一次世界大战期间及战后，欧美各国为恢复经济，形成了改革教育制度发展职业教育的潮流，尤其是美国致力发展职业教育，对我国教育产生了深刻的影响。在国内，由于生产力的发展相应地对劳动者提出新的需求，日益显露出原有教育制度的弊端。经以黄炎培为首的教育界实业界人士的积极倡导和推进，改革教育制度、建立职业教育的条件和时机均已成熟。于是，国民政府于 1922 年颁布了新学制，即"壬戌学制"，以职业教育制度取代了实业教育制度，从而确立了职业教育在学制中的地位。"壬戌学制"由小、中、大学一线相承，将职业学校、师范学校与普通中学混合在一起。并且，将过去沿用的实业学堂、实业学校一律改为职业学校。原在高等教育等级上的实业教育仍为专门学校。该学制经过多次修改后，一直沿用到中华人民共和国成立。

根据中华职业社 1926 年的统计，全国职业教育大学专门学校附设专修科共113 个，职业学校有 846 所，总计 1518 所。[1] 然而，由于内外因素的影响，职业教育发展迅速放缓，到 1929 年，全国职业学校仅剩下 194 所。[2] 职业教育界对"我们所希望，百分之七八十没有达到"的反思深刻而有力。黄炎培先生提出了"大职业教育主义"的主张，强调了职业教育不能仅仅局限于职业学校、教育界，甚至不能仅仅局限于农业、工业和商业，而必须与整个社会运动紧密结合，才能取得真正的发展。[3]

在国民党政府统治时期，高等职业教育有一定的发展，先后涌现出一批办学好、赢得社会声誉的专科学校，如中央工专、苏南工专、淮南煤矿、北平美专、上海立信会计学校、集美航专、金陵大学电化教育专修科等，为我国培养了大批优秀的应用型人才。

1912 年，中国大学及私立学院仅有 4 所，而专科学校多达 111 所。[4] 这些专科学校具有中等或高等职业教育的某些特征。长期以来，由于种种原因，我国高等职业教育一直没有得到发展。

① 吴益群 . 高职教育的创新与发展 [M]. 长春：吉林人民出版社，2021.
② 仵子连 . 中国高等职业教育问题与展望 [M]. 徐州：中国矿业大学出版社，2008.
③ 黄炎培 . 职业教育论 [M]. 北京：商务印书馆，2019.
④ 李承先 . 高等职业教育新论 [M]. 北京：中国书籍出版社，2018.

2. 初创期

随着工业化程度的提高，我国的高等职业教育发生了巨大的变化，从清末的高等实业学堂开始，到现在的工程研究和工程设计人员，再到现在的技术工人，都在不断发展，形成了一种新型的技术型人才。他们不仅能够从事实践性的工作，还能够在理论和实践之间取得平衡。第二次世界大战结束后，许多国家都开始大力发展技术教育，其中一部分是高等教育，也就是所谓的高等技术教育，它已经成为当今高等教育结构的重要组成部分。这种高等教育类型的调整，在近半个世纪，尤其是 20 世纪 60 年代以来，已经成为许多经济发达国家和部分发展中国家教育发展的一个重要趋势。

随着中国改革开放的不断深入，国民经济进入了一个快速发展的时期，社会也在全面进步。新技术和设备的应用、管理水平的提高，都对新技术和管理人才提出了更高的要求，这就促进了高职教育的发展。

十一届三中全会以来，经济的迅猛发展使得人才需求量大幅增加。随着产业结构从劳动密集型向技术密集型的转变以及第三产业的迅猛发展，职业结构也发生了巨大变化，大量的高层次应用型岗位应运而生。为此，许多高等职业院校纷纷成立，高等职业教育也因此得到了迅速发展，成为高等教育的重要补充。

1978 年，天津、无锡等地首次尝试开设高等职业教育。1980 年，国家教育委员会根据当地经济和社会发展的需求，首次批准成立金陵职业大学、无锡职业大学等 13 所高等职业学校，这标志着高等职业教育在我国正式开始蓬勃发展。随着中国改革开放的不断深入，经济发展步伐显著加快，人才短缺的问题也日益突出，令人担忧。1982 年，中华人民共和国第五届全国人民代表大会第五次会议提出：为了更好地满足社会对高等教育的需求，国家应该试办一系列花费少、见效快、可收取学费的专科学校和短期职业大学，以便让毕业生能够择优录用。为此，国家教委于 1983 年正式批准设立 33 所职业大学，而于 1984 年和 1985 年则进一步批准设立 22 所职业大学。随着职业大学的不断壮大，中国的高等职业教育迎来了第一个蓬勃发展的时期。1985 年，中共中央发布了《关于教育体制改革的决定》，强调要积极发展高等职业教育，建立一个完善的、多样化的教育体系，从初级到高级专业均有所涉及，并且能够与其他教育形成有机的联系，实现协调发展。国家正式将高等职业教育纳入教育体系，为我国高等职业教育的发展提供了坚实的基础。[①]

1993 年，《中国教育改革和发展纲要》颁布，强调了职业技术教育在现代教育中的重要性。职业技术教育的发展趋势表明，必须从招生、分配制度的改革入手，实行收费走读，不再包分配，以此来应对传统高等学校办学体制所面临的严峻挑战。为了更好地满足社会对人才的需求，各地应该大力推进多元化的高中后续教育，为未能升入高等学府的普通高中毕业生提供专业的职业技能培训。普通中学也应根据实际情况，合理开设相应的职业技能教育课程。

3. 发展期

1994 年，全国教育工作会议提出了"三级分流"，目的在于建立一个初等、中等、高等职业教育相互衔接的体系。"三改一补"则提出了发展高等职业教育的基本方针，即通过改革现有的职业大学、部分高等专科学校和独立设置的成人高校的办学模式，调整培养目标，以满足社会对高等职业教育的需求。在不能满足的情况下，经过批准可以利用少数具备条件的重点中专学校改制或举办高职班等方式来补充，以满足社会对高等职业教育的需求，促进社会经济发展，提高国家经济实力，实现社会公平正义。中国的高职教育事业取得了长足的进步。

1995 年，中共中央、国务院颁布了《中国教育改革和发展纲要》，强调要积极发展多元化的高中后职业教育和培训，以满足社会对技能型人才的需求。为此，政府采取了一系列措施，包括改革现有的高等专科学校、职业大学和成人高校，以及开设多样化的高等职业班等，以推动高等职业教育的发展。

1996 年《中华人民共和国职业教育法》的颁布标志着我国教育体系的重大变革，它将高等职业教育划分为初等、中等和高等职业学校，为高职教育的发展提供了法律保障，这也是我国历史上第一次确立了高等职业教育的法律地位，为我国教育结构的优化提供了强有力的支撑。《中华人民共和国职业教育法》和第三次全国职业教育工作会议，更加系统地、全面地探讨了高等职业教育发展这一重要课题，以期达到更好的效果。

---

① 李承先 . 高等职业教育新论 [M]. 北京：中国书籍出版社，2018.

1998 年，教育部提出了"三多一改"的方针，旨在大力发展高等院校职业技术教育，包括多种办学形式、多种培养模式、多种机制和深化改革。"多形式"旨在推动高等职业教育的多元化发展，"多模式"则是指加强高等职业教育的办学主体多样性，以满足社会对高素质人才的需求。随着一系列有力措施的推动，我国高等职业教育取得了显著的发展。职业技术院校、高等专科学校、成人高校、民办高等职业院校和重点中专均实行五年一贯制，以满足社会对高等教育的需求。

1999 年 6 月，中共中央、国务院发布了《关于深化教育改革全面推进素质教育的决定》，为高等职业教育的发展提供了明确的指导，使高等职业教育从性质、改革发展目标、体制结构、入学条件等方面都有了明确的规定，这表明国家对高等职业教育的认识有了更深入的理解，并采取了一系列具体的措施，以促进高等职业教育的发展，并提高教育质量。

1999 年夏季，为了推动高等职业教育的发展，"新高职"被纳入普通高等教育招生计划，并且在全国十多个省市设立 10 万人的招生指标，以探索新的管理模式和运行机制，以满足社会对高等职业教育的需求。将高等职业教育作为全国普通高等学校的重要组成部分，不仅体现了我国政府对于推动高等职业教育发展的坚定信念，更是彰显了高等职业教育的重要性和深远的社会意义。

21 世纪以来，随着技术的进步和社会的进步，高等职业教育取得了长足的进步，从招生规模、学校数量、办学条件、培养模式、内涵建设、综合改革到教育质量的提升，都取得了显著的进步，成为当今社会的重要组成部分。

2001 年，我国的高等职业教育取得了长足的进步，形成了一个完整的、多元化的、覆盖全部专业的职业教育体系。

2002 年 7 月，《国务院关于大力推进职业教育改革与发展的决定》明确规定，各省级人民政府应当制定本地区职业学校的生均经费标准，严格按照法律规定，确保各类职业学校的经费拨付，以促进职业教育的发展。党中央、国务院一直把推动高等职业教育的发展视为推动国家经济增长、提升公众素养的重要举措，并在法律和政策方面作出了详尽的规划。

2004 年，随着《教育以就业为导向深化高等职业教育改革的若干意见》的出台，高等职业教育的发展开始朝着以质量和内涵为核心的方向发展，从而使得高职高专教育成为了一种积极参与社会经济发展的有力工具，为国家的现代化建设作出了巨大的贡献，培养出了一批又一批优秀的高素质专业技术人才。

2006 年 11 月 3 日，《教育部、财政部关于实施国家示范性高等职业院校建设计划加快高等职业教育改革与发展的意见》，提出了"中央引导、地方为主、行业企业参与、院校具体实施，重点支持 100 所国家示范性高等职业院校"，这不仅有助于巩固高职教育的地位，稳定高等职业院校群体，形成职教类型特色，而且还能够提升职业教育的培养质量、办学能力、技术实力和社会影响，从而发挥积极的推动作用，促进高等职业教育的发展和改革，成为"项目制"的经典。

2014 年 6 月，国务院召开全国职业教育工作会议，印发《国务院关于加快发展现代职业教育的决定》，以满足国家经济社会发展需求和实现人的全面发展的高度，在国务院职业教育文件中第一次提出"产教融合""加快构建现代职业教育体系""探索发展本科层次职业教育"，强调企业也是职业教育的重要办学主体，并且提出为学生接受不同层次高等职业教育提供多种机会，以此来推动职业教育的发展，促进学生全面发展，提升国家经济社会发展水平，实现大众对于美好生活的期盼。该政策为推动职业教育的发展，打破了止于专科的理念，为建立现代职业教育体系提供了重要基础。

2015 年，教育部发布《高等职业教育创新发展行动计划（2015—2018 年）》，以"十二五"为基础，结合"十三五"的经验，第一次全面推进高等职业教育的改革和发展。该计划提出了 5 个方向和目标，以推动高职教育的改革发展。其中，重点强调了综合改革，包括正确把握和推进分类考试招生改革，建立学分积累转换制度，丰富集团化办学的实现形式，明确院校治理的途径和要求，重视和推动应用技术研发，推动具有混合所有制特征的办学实践，实施"走出去"，落实高职生均经费政策，以及其他措施，以期实现高职教育的更好发展。

2018 年 12 月，《国务院、办公厅关于对真抓实干成效明显地方进一步加大激励支持力度的通知》，明确从 2019 年起，将重点支持在职业教育改革方面取得显著成效的省（区、市），以此来推动职业教育的高质量发展。此举也体现了国家对职业教育改革的坚定决心。

2019 年 4 月，教育部和财政部发布"双高"建设计划，旨在集中力量建设50 所以上的高水平高等职业学校和 150 个以上的高水平专业群，以培养技术技能人才，推动技术技能创新，支撑国家重点产业和区域支柱产业的发展，引领新时代职业教育实现高质量发展。"双高"的建设机制设计与以往大不相同，它既坚持效率优先，又强调机会公平，将项目管理从固定范围分批建设转变为分阶段全范围择优支持，即在每个开放期均进行重新择优，以便让所有高等职业院校都能够根据自身的改革发展成果获得中央财政的支持，从而使"双高"的建设要求得以外溢至支持范围以外的学校。同时，此举也能够激发项目学校的建设热情，从而实现双赢的局面。"双高"建设提出了一种全新的专业集群建设理念，不仅提升了专业建设的效率，还加强了相关专业之间的互补性，以达到"1+1>2"的目标，同时，也与"学科交叉"的改革相呼应，为培养新的人才和推动专业发展提供了有力的支撑。"双高"的建立标志着高职战线正在朝着更高水平的专业建设迈进，以实现示范校建设的目标。

近年来，我国职业教育取得了长足的进步。其中，高等职业教育更是备受瞩目，成为社会关注的焦点。2022 年 4 月 20 日，《中华人民共和国职业教育法》经全国人大常委会审议通过，标志着《中华人民共和国职业教育法》26 年来首次大规模修订，引发了大众的热烈讨论。

总的来说，高等职业教育是一个历史悠久的教育类别，它的出现源于当时高校规模的不断扩大，使得专科教育得以延伸。

随着时代的发展，中国已经迈入了高等教育大众化的新时代，高等教育也从社会本位和市场本位的发展观念转变为一种均衡发展的理念，即要在培养优秀人才的同时，满足大多数青年对高等教育的渴望，并且也要实现学术型教育和职业型教育的有机结合。

随着工业化的不断推进，以及高等教育的飞速发展，中国的高等职业教育拥有巨大的潜力。高等职业院校应当积极投身于推动工业化、现代化的建设，努力提升就业率，促进社会公平正义，实现全面建设小康社会的目标。如果我们能够坚定地相信自己的能力，并且勇于改革和创新，那么，未来我们将拥有一个更优秀的、受到广泛认可的、具有较强竞争力的高等职业教育。

第二节　高等职业教育的性质与特征表现

一般来说，高等教育可以被划分为普通教育和特殊教育两大类，要想真正理解这两种教育的本质，我们还需要深入探究它们之间的差异，以及它们各自的特点。

一、高等职业教育的性质

性质是某种事物区别于其他事物所固有的特征和要素。高等职业教育作为一种人才培养模式，区别于其他类型教育的主要特征，就是高等职业教育所固有的性质。下面拟从高职教育的高等教育性质、职业教育性质、技术教育性质等几个方面加以分析。

（一）高职教育的高等教育性质

1. 高等职业教育的高等教育属性

（1）从高等教育的定义看高职教育的高等教育属性

高等教育中的"高等"二字是就教育层次而言的，区别于中等教育和初等教育。一般认为，高等教育具有两个基本特点。

第一，高等教育是建立在中等教育基础上的专门教育，以培养高级人才为目标。高等教育学生的起点要具有中学毕业水平，因为如果他们起点太低，就很难掌握高等教育高级、精深、复杂的专业知识。而专门教育是相对于普通教育而言的，是指培养某一领域专业人士的教育，是为公民未来的职业生活做准备的教育。普通教育则是指实施普通文化科学知识的教育，要使学生掌握人文科学、社会科学和自然科学的普通知识，使他们具有基本的文化修养和处理社会问题的能力，其目的是为公民未来的社会生活而非职业做准备。传统上，普通教育主要在中小学进行，专门教育则主要在高等教育阶段进行。可见，高等教育是一种为专业工作或职业生活做准备的专门教育。高级人才主要表现为知识含量高、成熟度高、适应社会能力强等。这一特点是就高等教育的性质和任务而言的，表明了高等教育在知识含量和培养人才水平上的"高"。

第二，高等教育实施对象——学生的年龄大都在 18 岁以上，其心理和生理发展已经成熟。这一特点表明，为了适应高等教育的第一个特点，其教育对象在身心发展方面必须处于比较成熟的阶段，为培养教育对象能够掌握"高"的知识含量、成为"高"的人才奠定生理和心理基础。

这两个特点是高等教育的基本特点。高等教育的其他特点大都是从这两个特点中派生出来的。当然，随着社会经济和高等教育自身的发展，以及高等教育研究的深化，人们对高等教育特点的认识或许会发生巨大的变化，但是，这两个基本特点是不会发生变化的，因为它们反映了高等教育的基本属性。

根据高等教育的这两个基本特点来分析高等职业教育，就可以发现，高等职业教育也具有高等教育的基本属性，属于高等教育的范畴：一方面，高职教育是建立在中等教育的基础上的专门教育，以培养高级人才为目标。高职教育建立在中等普通教育和中等职业教育的基础上，表现在高等职业院校的招生主要是面向普通高中毕业生和中等职业教育毕业生；高职教育是专门教育，表现为其专业设置是直接面向社会职业岗位，在教育形式和教育内容上分别是分科的专业教育和专门的职业技能学习，是为公民未来的职业生活做准备。在人才培养目标上，高职人才是较中等职业教育所培养的技工更高的技术型人才。另一方面，从高等职业教育的对象来看，高职教育所面对的学生的年龄大都在 18 岁以上，他们的心理、生理发展都已成熟。

（2）从世界的普遍经验看高职教育的高等教育属性

关于高职教育是否属于高等教育，联合国教科文组织第 29 届大会批准的新《国际教育标准分类法》（1997 年修订版）为我们提供了一个重要的启示，它将高等教育分为两个阶段：第五级包括专科、本科和硕士生教育，而第六级则是博士研究生教育。这一分类法的出台，为我们提供了一个更加全面地认识和理解高等教育的方式。第五级学习分为 A、B 两类，其中，5A 类学习更加深入，学习时间更长，一般超过 4 年；学生可获得第二级学位（硕士学位）证书，以满足学生进入高级研究计划或从事高技术领域的需求。5A 可以分为 5A1 和 5A2 两类，前者主要是为研究做准备，而后者则是针对高科技要求的专业教育。而 5B 类则是实用技术型的，其教学计划更加注重实践性，以满足不同职业的需求，旨在让学生掌握实际技能和知识，从而更好地胜任职业或行业的发展。5B 级学生通常具备进入劳动力市场所必需的技能和资格，而第六级是"专指可获得高级研究文凭（博士学位）的""旨在进行高级研究和有创新意义的研究"。

很明显，该标准将高等教育划分为学术型（或称为理论型）和技术型（或称为职业型）两类，其中，5B 相当于我国的高等职业教育，其培养目标就是我国高职教育所强调培养的目标。5B 高等教育概念的提出具有重要的理论意义和实际作用。它标志着以培养理论型人才、高技术型人才为主的 5A 类高等教育和以培养职业技术型人才为主的 5B 类高等教育，已经构成了现代高等教育结构的基本框架；同时，也说明高职教育的产生和发展是世界高教改革的共同趋势。高职教育的高等教育地位在此得到了权威性的确认。

2. "高职教育的高等教育属性"的深刻内涵

虽然"高职教育属于高等教育"这个说法已为人所熟知，但在实践中，人们对它的理解似乎还仅限于其表面，其尚处于含糊的状态。对于高职教育的高等教育属性的意义需要作进一步的分析。

（1）高等职业教育应进行专业性活动

一般的观点认为，高等职业教育是职业性的教育，而不是专业性的教育，这是高职教育与学术型普通高教的根本区别之一。实际上，当前出现的与高职教育有关的诸多观点也是基于这一认识前提的，如要建立"以能力为中心"的培养模式，知识的掌握要"以够用为度"，按照"职业岗位（群）"的需要进行专业设置等，都非常强调高职教育的职业适应性，而对高职教育的专业性问题却是只字未提。但是，作为高等教育组成部分的高等职业教育，是否需要讲求专业性，这是一个值得深思的问题。

专业活动的产生源于对知识和技能的管理。当知识和技能总量少、复杂性不高的时候，尽管也存在一个管理和传授的问题，但这种管理和传授相对而言是一件简单的事情，由于这种简单性专业活动的重要性被掩盖了，当知识和技能的总量和复杂程度开始增加时，专业活动的重要性开始显现。因为人的时间和精力是有限的，在面对大量的知识和技能中还存在大量无用之物的情况下，对于知识和技能全盘接受和吸收是不可能的，也是不必要的，所以，教育者必须仔细进行鉴别、挑选，找出受教育者需要的知识和技能。而且，教育者还必须对它们进行加工和提炼，把其中最核心的、最本质的要素提取出来，传授给受教育者，这就是教育教学理论的"简约性规律"。学术，就是在此时产生的、对客观世界的深刻和完善的认识。所以，任何教育教学活动都要有专业活动的参与，没有专业活动就无法进行教育教学。

对高等教育而言，基于知识和技能的专业性和教育过程的复杂性，专业活动具有极其重要的意义。专业活动必然要成为高等教育活动的重要组成部分，专业性必定要成为高等教育的基本内涵。没有专业性，高等教育就很难被称为高等教育。

作为高等教育的重要组成部分，高职教育需要专业活动，专业性应成为高职教育的基本内涵。高职教育是由中等职业教育发展而来的，当职业教育只有初等层次和中等层次时，它是比较简单的，知识和技能含量少，复杂程度低，几乎不用进行专业活动。但当它发展到高级形式时，随着知识、技能在深度和广度上的提升，就出现了一个如何对日益庞大的知识和技能进行管理和传授的问题，而要解决这个问题，就必须进行专业活动。因此，专业性必然会成为高职教育的基本内涵。这种必要性还表现在：

第一，高职教育要真正从当前的低层次走向本科、研究生层次，真正成为一种独立于普通高校的高等教育类型，不进行专业活动是不可想象的。没有专业性，高职教育就不可能真正与普通高等教育相并立。

第二，专业化的实施为高等职业教育的规范化发展提供了强有力的支撑，使得教学体系更加科学化，教学活动更加有效，从而推动高等职业教育走上健康发展的轨道。因此，对高等职业教育专业性的认可和肯定，是推动高等职业教育深入改革的重要动力。

第三，专业性是高等职业教育发展的核心动力，不仅决定了教育实践的方向，而且也是信息社会和知识经济社会发展的基础。只有拥有正确的理念，才能够推动教育实践朝着正确的方向发展，从而实现高等职业教育的可持续发展。

（2）高等职业教育需与社会密切联系

高等教育与普通教育的区别之一就在于高等教育与社会有着更为密切的联系，这种密切的关系集中体现在高等教育较之普通教育，其培养的人才是直接为社会服务的专门人才。高等教育（尤其是大学）还可以通过科研活动创造出新的知识，传播先进的文化。高等教育的与社会的联系还表现在它还能够直接为社会服务。

作为高等教育中的一个重要组成部分，高等职业教育也必然具备这些职能，必须与社会紧密地联系在一起。实际上，职业教育以其与社会的紧密联系为基础，具有强大的生命力。作为一种更高级的职业教育形式，高等职业教育则以更加深入的方式与社会建立联系，以满足不断变化的社会需求。这种状况无疑对高职教育本身和社会经济的发展都是不利的。与此同时，高职教育还需与政治、文化联系。从高等教育的发展历史来看，政治因素和文化因素（如政策法律的支持传统文化的影响）对高等教育的发展起着重大的推动作用，对于高职教育的发展亦是如此。所以，在高职教育的发展研究中，须正确认识高职教育与社会的紧密联系性，并充分利用这种联系。

（二）高职教育的职业教育性质

教育是一种社会活动，旨在培养具有创新能力和实践技能的人才，以促进社会经济发展。高等职业教育在培养过程中具有明显的职业定向性，即针对性强，能够灵活应对职业岗位的变化。这是各类教育的共同特征也是教育发展的重要动力。通过研究高等职业教育的职业性特征，我们不仅可以更深入地了解高等职业教育的本质特征，还可以更好地比较它与普通高等教育的异同，更加清晰地认识它的本质属性和功能，从而为我们提供有益的启示。

尽管职业性是所有专业教育的基本特质，但它也可能因学生的个人背景和学习环境而发生改变。例如，高等院校的职业性更加突出，高等院校更加重视学生的实际能力，更加重视学生的创新思维，更加重视学生的综合素质，更加重视学生的职业发展，也更加重视学生的职业技能和素养。

1. 针对性

职业岗位（群）是高等职业教育安排所有活动的出发点和依据。不同于普通高等职业教育，普通高等教育不会专门针对特定的职业岗位，其适应能力更加宽泛。而高等职业教育培养的人才所具备的职业岗位针对性比普通高等职业教育更强，其所有的出发点都是为了匹配职业岗位。

高等职业教育的目的就是为特定的职业岗位培养所需的人才，重点在于职业能力的获得。因此，国民经济职业体系就是这套知识体系的构成基础，其设定的专业，如美容专业、秘书专业等都是根据职业岗位（群）进行的，而不是根据学科进行的；其课程和教学计划的安排都是与职业岗位（群）的职业能力相适应的，而不是为了符合学科要求；其业务目标是为了改善或谋求某种职业，所以，其关注点是从业务上对从业人员、行业和职业岗位提出要求，将相关的知识和技能提供给所需的职业岗位，而完整和系统的学科理论则不是其要追求的重点；其要学习的是基础理论，掌握应用技术和本专业所需的高新技术；其能力结构是用横向型来体现复合性的。从教学工作的角度而言，教学工作的组织原则要遵循"符合职业岗位实际"；不同专业的教学计划、知识能力结构和学生具备的素质是职业岗位明确需求的基础；对学生是否熟练地掌握了职业技能和技艺进行考核，并作出评价。职业资格证书才是高职教育连接社会的纽带，而非单纯的学历文凭。总而言之，职业性与"职业岗位（群）"在高等职业教育中有着紧密的联系。

2. 实践性

高等职业教育培养人才的方向是技术型，所以，培养受教育者的实践能力成为高等职业教育的重点，这是由其人才特性决定的。以下都是高等职业教育职业性所展现的实践性特点：高等职业教育培养的人才针对的是服务和生产的一线，是以基层为主的。能够在生产一线熟练运用各种服务、技术和管理等人员才是高等职业教育培养的主要目标，而非研究新的工艺产品和技术；其教学过程的重点在于应用不同的技术，培养受教育者实践能力。在职业教育中，比重较大的是实训部分，所以，上岗实践训练就必须在校完成，这样学生在毕业之后就可以进入工作岗位。高等职业教育需要双师型的专业教师，教师同时也要具备实践能力。此外，还要关注那些从生产一线来做兼职的教师所发挥的作用，而且所处的实训场所和所用的试验设备都要和现场相似，这样才能培养学生解决不同问题的能力。

3.适应性

职业性的特征是普通高等教育也具备的，但普通高等教育基本都是间接联系市场和社会经济的，而不是直接的。上述普通高等教育的职业针对性并不强，也不需要根据特定的职业岗位来设置知识体系、课程和专业，重点在于知识和能力结构的构建，这让普通高等教育受到的职业岗位变化带来的影响低于高等职业教育。所以，普通高等教育与学科联系的密切程度要远高于与社会职业岗位联系的密切程度。

而高等职业教育天生就与经济发展有着密切的联系，这是因为高等职业教育是在工业经济时代得到蓬勃发展的。通过实践能够证明，高等职业教育的发展离不开经济的进步和市场的需求，高等职业教育必须扎根于经济和市场这两块肥沃的土壤中。因此，高等职业教育要根据社会职业岗位的实际需求来制定发展方针。高等职业教育要想发挥作用，得到更好的发展，就必须符合社会职业岗位的需求。

（三）高职教育的技术教育性质

20世纪之后实现了生产自动化，于是，出现了一种既不属于技术工人，也不属于精英型工程师，而是处在二者之间的新型人才，即技术型人才。这是以前没有的概念，技术工人和工程师是这种技术型人才原本的岗位。随着生产自动化的不断进步，有些岗位要求技术工人要掌握理论技术，而不再是之前的经验技术。中等职业教育培养的技能型人才由于已经改变的职业岗位要求而无法达到岗位的标准，所以，社会上诞生了高智力的技术型人才。此外，为了保证精英型工程师应有的工作成效，会由那些技术型人才来承担不需要较高理论要求的生产一线的技术工作，由此便诞生了技术型人才。

技术型人才既要掌握自己专业领域内的基础知识和理论，还要掌握相应的生产操作能力，能够将相关技术转化成实际的物质，可以组织现场的生产，并给予相关的技术指导，解决在生产中遇到的不同问题；还要给工艺、设备和产品提出相应的改进意见，擅长使用和交流不同的信息。这种复合型人才有着扎实的专业理论、较强的组织能力和熟练的生产技术。高等教育因为技术型人才展现出的需求特征而得到了发展。这种高等职业教育就属于"技术型"。

（四）高职教育的实用性质

高等职业教育旨在培养具备管理和实践能力的高级实用人才，以满足社会对这类人才的需求。这一目标的明确性使得高等职业教育成为一种实用性强的教育形式，从而更好地满足社会发展的需求。

（五）高等职业教育的终身教育性质

终身教育是一种持续不断的教育，它与人的生命息息相关，并且已经扩展到社会的各个领域。高等职业教育与经济社会的紧密联系，成为促进生产力发展和支撑经济繁荣的"加油站"，同时也是开发人力资源和提高劳动力技能的重要途径。终身教育应该贯穿人的一生，以促进人的全面发展。高等职业教育已经超越了传统的职前教育，拓宽了学历教育的范围，并将学历教育与非学历教育相结合，旨在帮助学生掌握知识，增强学生可持续发展的能力，进一步提升学生的综合素质，尤其是学生的专业水平，以期更好地满足社会对各种人才的需求，并为社会的发展作出积极的贡献。终身教育应当抛开将高等职业技术教育视为一种终极目标的观念，而是应当将它融入终身学习体系之中，以期达到职业教育的全面普及。

二、高等职业教育的特征

特征是指事物所具有的特殊象征或标志。如果说，厘清高等职业教育的性质和功能，是为大力发展高等职业教育扫清观念上和战略上的障碍的话，那么，把握高等职业教育的特征则为其人才培养目标的设置、人才培养规格和模式的确定，提供了方向性的指导。因此，正确把握高等职业教育的特征对高职教育，乃至整个教育体系的健康发展都有着十分重要的意义。总体而言，高等职业教育的基本特征主要体现在它与学术型普通高等教育的区别上。

（一）培养目标的实用性

教育是按照社会要求培养受教育者的活动。如前所述，当今，社会对于高素质、多元化、多层面人才的需求日益增加。因此，我们必须培养两类人才：一类是具有较强的学术能力和专业技能的人才，他们致力于深入研究、挖掘自然界和人类社会的秘密，并且能够完成"认识世界"的任务；另一类则是具有广泛应用能力的人才，他们能够根据已有的自然和社会发展规律，为社会带来实实在在的好处。高等职业教育旨在培养能够满足不同需求的应用型人才，这些人才既包括工程型，也包括技术应用型。这些人才的能力范围广泛，涵盖了各个领域，他们的特点是能够胜任复杂的任务。

1. 人才培养标准方面

高等职业教育的目标是培养学生具备实践能力和创新精神，因此，高等职业院校将重点放在培养学生的实践技能和解决实际问题的能力上。高等职业院校要制定完善的教学计划、课程体系，并对学生的表现进行严格的考核，以确保他们掌握所需的专业技能，并最终达到职业发展的最佳水平。在高等职业教育中，培养出的具备多种能力的人才必须满足以下标准：

第一，能力是一个综合性的概念，涵盖了知识、技能、经验、态度等多方面的素质，它们共同构成了一个完成职业任务、胜任岗位资格的能力体系，是一个职业领域的核心要素。

第二，随着科技的飞速发展，社会职业岗位的内涵和外延也在不断变化，因此，高职教育应该重点培养学生的能力，学生不仅要掌握某一特定职业的技能，还要具备良好的适应性和可持续学习的能力，以满足社会的需求。

第三，技术型人才是现场工作群体中不可或缺的一部分，应具备"关键能力"或"基础能力"的合作能力、良好的公关技巧、组织能力、协调能力、创新精神和风险管理能力，还要具备良好的职业道德和品行。

2.人才的服务对象方面

在人才的服务对象上，高等职业教育培养的人才面向的是基层、生产和服务第一线。高等职业教育是职业教育的重要组成部分，不仅与经济、企业有着密切的联系，还是将科学技术转化为现实生产的重要渠道，在两个根本性转变的实施过程中发挥着不可替代的作用。当今，全球的人才竞争不仅仅局限于研发型人才，更多的是以生产、管理和服务的第一线实用型人才的综合素质为基础的竞争。实践证明，发展高职教育，培养能够胜任生产第一线的技术应用、技术管理和服务的实用型人才，对于推动我国改革开放、促进经济发展、推动社会进步具有重要意义，尤其是在资金紧缺、技术密集的行业，以及在经济发达或正在迅速发展的地区，高等职业教育的实用性更加突出。

（二）培养模式的循环性

通过将市场调节、目标确定、教学资源开发、教学实施和评估分析五个步骤有机结合，构建一种全新的高等职业技术教育模式，不仅可以更好地反映行业的影响，而且可以更加精准地指引学习，让学习者更加有效地掌握知识，更好地满足就业市场的需求，从而达到以能力为本位、以素质为核心的教育理念，让教师和学生都可以发挥自身的主观能动性，实现教师主导、学生主体的效果。采用五个阶段的新模式，可以形成一个完整的循环系统，每个阶段都包含若干个小步骤。这些步骤的顺序决定了整个系统的效率，而且也为整个系统的发展提供了坚实的基础。这种循环可以促进整个系统的发展，从而促使高等职业院校持续改进教学方法，提升教学质量。

（三）专业设置的职业性

专业设置是高等职业教育与社会发展之间的桥梁，不仅可以帮助学校更好地适应市场变化，还可以帮助学校更好满足社会的需求。在当今的社会主义市场经济中，价值规律、供求规律和竞争规律共同决定着市场的发展趋势，因此，专业设置的合理性和有效性对于高等职业教育来说至关重要。高等职业教育的培养目标与当地的经济发展密不可分，专业设置也紧跟当地的市场需求。但是，随着科技的飞速发展、产业结构的调整和市场的变化，社会职业岗位的多样性和复杂性也在不断增加，这也促进了高职专业的调整和发展。针对当前的经济形势，高等职业教育的专业设置必须紧贴市场需求，紧贴实际，紧贴企业、政府、社会的实际，紧密围绕当前的经济发展状况，紧密结合当前的技术、经济、文化、政策、法律，紧密围绕社会的实际，紧密结合行业、产业的发展趋势，灵活运用新的技术手段，实现专业的可持续性，从而更好地满足社会对技能、素质、创新的要求。

在当今社会，我国高等院校的人才培养模式正在发生变化，不再仅仅局限于传统的教育体制。高等院校不仅要根据办学条件设置专业，还要关注社会发展的需求和市场的需求，以满足社会对高素质人才的需求，并且努力培养出能够胜任社会需求的人才。随着市场经济的高度发展，高等职业教育作为我国市场经济的重要组成部分，其生命力在于专业设置紧贴社会需求，培养具有综合职业能力和高素质的技能型人才，以满足社会对高素质人才的需求，避免办学资源的浪费和人才资源的浪费。

（四）教学过程的实践性

高等职业教育的计划是培养素质高、能力强、上岗快、用得上的技术型人才，这一培养计划决定了学生在校期间必须完成上岗前的实践训练。因此，高等职业教育在整个教学过程中，实践性特征非常突出。综观世界各国成功的高等职业教育，无一例外的都是以突出实践教学为特征的，如德国的"双元制"、加拿大的以能力为中心的教学思想、澳大利亚的模块式教学等。高等职业教育在教学过程中的实践性特征突出表现在如下几个方面：

1. 教学计划上突出对能力的培养

高等职业教育在教学计划的制订上突出对学生职业能力的培养，这与普通高等教育在教学计划的制订上，以突出学生对理论知识的掌握为主线有很大区别。在社会调查的基础上，高等职业教育教学计划的制定是基于职业分析，借鉴"以能力为中心"（Competence Based Education，简称CBE）的思想，根据岗位或岗位群的职业要求，将综合职业能力细分为若干项专业技能，并结合实际情况，精心设置相应的课程，同时邀请企业界专家对教学计划的可行性进行论证，以期达到最佳的教学效果。为了确保高等职业教育的教学计划能够满足学生的需求，学校采取了动态管理和滚动修订的方式，以确保课程设置和教学内容的科学性、先进性和人才的职业适应能力，从而避免因培养周期较长而带来的不利影响。

2. 教学内容上理论与实践相结合

技术技能型人才的总体特征是理论技术与经验技术相结合。为此，高等职业教育在课程内容上比较注重让学生掌握理论技术所必需的理论基础及相应的应用能力。分析国内外一些高等职业教育的课程内容，发现实践教学在教学计划中占有较大的比重，理论教学与实践教学的课时比例一般都在 1∶1 左右。例如，在德国的"双元制"教学模式中，理论与实践之比约为 3∶7 或 2∶8，法国的短期技术学院的实践教学时数占总时数的 1/2，美国密特萨克斯社区学院电气技术专业的实践教学时数超过总学时的 1/2，北京联合大学计算机应用专业的理论与实践的学时比例也约为 1∶1。[①]

在课程结构上，高等职业教育强调把学生能力的培养放在突出位置，其理论课程体系是为专业综合理论和专业技术能力服务的，主要包括专业理论和基础理论两类，它们共同支撑着高职人才的持续发展和适应能力，而实践课程体系则是为培养专业技能、职业能力服务的，主要是直接反映当前职业岗位工作需求的专业技术知识，具有较强的就业导向性。

3. 教学环节上注重实践性

衡量高职学生的学习效果，很大程度上是以培养目标所要求的知识和能力为标准的。所以，高等职业院校在教学过程中都比较突出实践性教学环节的重要性。一般而言，在其教学计划的编制上都安排有足够的实训时间，如校内实训和社会岗位实训时间等实践性环节约占总教学时数的 1/3 以上，以使学生具有较强的职业技能和实践能力。为了更好地实施实践性教学，高等职业院校非常重视建设实训场所和设施。例如，有些高等职业院校会建立先进的校内专业实训基地，让学生们可以通过现代化的技术手段来进行模拟训练。此外，有些高等职业院校还会建立坚实的校外训练基地，确保学生们能够在实际工作中获得综合专业技能的培养，并将其与专业技能实践结合起来，开展丰富多样的与本专业相关的实践训练、社会调查、社会服务等活动，以提高学生的综合素质和全面能力，为了提高学生

① 刘金桂，史秋衡. 高等职业发展研究 [M]. 厦门：厦门大学出版社，2004.

的技能水平，在教学计划中安排实践性教学环节，包括基础技能训练、专业技能训练和顶岗实习。此外，高等职业院校还需明确规定每个专业学生在校期间应获得的操作技能等级证书，作为学生质量的重要参考，并获得社会认可的"合格证"。

4. 教学方法上突出实践性

高等职业教育旨在培养具有实用技能的高级人才，以满足企业对于管理和直接运作的需求。高职毕业生需要掌握职业岗位的工作流程，并能够熟练运用所学知识，以便快速适应企业的需求。为此，高职毕业生需要在毕业前进行大量的实践活动，以便更好地掌握技能，更好地应对企业的需求。高等职业教育必须以培养学生的职业技能和岗位能力为核心，采取多种形式加强实践性教学，大力提升实践环节和实践课的比重，让学生有充足的时间去实践操作，以达到高等职业院校期望的培养目标。

5. 师资队伍以"双师型"为重点

高等职业技术教育的教师素质要求与其他普通高等教育有着本质的不同，要求教师不仅要具备扎实的理论知识，还要具备熟练的技能，以及"双师型"课程的教学能力，以满足学生的学习需求。高等职业教育的教师要具备更加全面的知识，拥有现代人的个性、心理和品质，并且能够熟练掌握教育学和心理学的原理，从而更好地满足学生的学习需求。

（五）办学机制的社会性

随着时代的发展，我国高等职业教育办学机制已经发生了巨大变化，形成了政府、学校、企业、集体、私人等多方参与的联合办学模式。从最初的地方职业大学独家实施，到现在的职业大学、普通高等院校、独立设置的成人学校以及综合性、社区性的职业技术学院，各方都在努力推动高等职业技术教育的发展，共同构建一个更加公平、公正的竞争环境。

（六）用人单位的参与性

用人部门（单位）会直接参与高等职业教育培养人才的过程，这是与普通高教的不同之处。高等职业教育之所以需要用人单位参与进来，就是因为培养的人才要符合一线生产、管理和服务的要求，高等职业院校只有与办学伙伴建立联系，才能更快、更好地达到培养目标，让教学质量得到提升。在人才培养的过程中，用人部门（单位）可以提供不少的便利。

一方面，新的知识和技术随着科技的高速进步和发展出现得越来越多，这在学校教育中就能体现出来。高职教育毕业生的特点就是技术创新能力高，还会使用新的实用技术。只有在真实的环境中，学生才能掌握课堂上没有的知识，养成下意识的良好习惯。

另一方面，高等职业院校缺乏的师资力量、教学设备和学校实训场地都能够在用人部门的帮助下得到解决，让教育资源得到科学、合理的配置和利用。在用人单位的参与下，高等职业教育还可以根据社会职业岗位需求来设置教学方案和专业，提高高职教育建设的专业程度，使其更贴合市场。

第三节　高等职业教育的功能解析

事物产生的作用和功效就是功能。在高等教育中，高等职业教育是必不可少的一部分，在社会和经济发展、人才培养等方面都有着让人不可忽视的作用。我国在建立了社会主义市场经济体制之后，高等职业教育就改变了以往的功能。通过对高等职业教育当前的功能进行深入研究，可以让我们对其发展方向有所了解，从而让高职人才为社会主义建设作出更多的贡献。

一、经济功能

《中国教育发展和改革纲要》指出，职业技术教育是近代工业和商品经济的重要组成部分，是将人才资源转化为有效的智力资源，并将其转化为实际生产力的关键桥梁，具有重要的社会意义和经济价值。高职教育是科技进步和经济发展的重要推动力，不仅能够提升劳动者的专业技能，还能够提高劳动生产率，从而实现经济增长和社会进步。

（一）推动生产力的发展

从高等职业教育的本质来看，高等职业教育与生产力、经济、产业的联系最为直接、最为紧密，对推动经济的发展具有天然的优势，是把科学规律转化为现实生产力的桥梁。高等职业教育可以通过培养经济发展所需要的人才来直接推动经济的发展，而不像普通高等教育所培养的人才在将知识转化为现实的生产力时，还必须经过一定的转化过程。这也是世界许多国家都努力提高地方政府和企业发展高等职业教育积极性的主要原因。

高等职业教育这一优势的发挥对我国而言更为迫切。原因之一就是实现科技进步需要大量的中级、高级技术劳动力，而我国大部分科研机构独立于企业之外，在将其科研成果转化为生产力的过程中，缺乏企业中间试验和制造能力等方面的辅助性技能型人力资源的支持。

（二）推动科技的发展

我国的高等职业教育尽管是在 1945 年以后逐渐兴盛起来的，但在 21 世纪已经到来的知识经济时代仍将发挥巨大的作用。这是因为：随着新一轮科技革命的到来，产业结构发生了巨大变化，生产过程变得更加自动化、集约化，生产技术变得更加精密、高效，生产设备变得更加复杂、信息化，从而使得产品的技术含量不断提升。知识经济时代一方面使得传统的职业岗位的内涵日益丰富，工作难度越来越大，智能成分不断增长；另一方面又产生一批既需要高理论，又需要高技术的职业岗位。随着时代的进步，传统的文化素养和技能水平已无法满足当今的需求，因此，职业教育变得越来越重要，以促进社会经济的可持续发展。当前，世界已进入知识经济初现端倪的新世纪，知识已经或即将成为发展经济最重要的资本，西方学者甚至断言，知识将成为一切有形资源的最终替代。但是，知识的转化是一个不可或缺的过程，不仅仅涉及科技成果的转化和产业化，更是将知识转化为实际资源的关键步骤。这一过程不仅仅涉及科研创新，更涉及生产加工，是一个不可或缺的重要环节。如果没有这一过程，那么即使是最先进的科研成果也只能为社会发展作出有限的贡献。因此，掌握一定技术水平和加工能力的生产队伍在科技成果转化与产业化过程中起着至关重要的作用，他们不仅是最新科技成果的推广者和应用者，更是社会生产水平的直接体现者和推动者。为使他们适

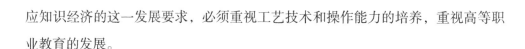

应知识经济的这一发展要求，必须重视工艺技术和操作能力的培养，重视高等职业教育的发展。

二、教育功能

（一）教育系统中的体系与结构认知

国民教育体系是指各种类型、各种层次教育的有机整体。从系统论的角度来看，学校是社会大系统中不可或缺的一部分，它与经济、政治、科技等各个领域之间存在着密切的联系，彼此影响、制约，共同构成了一个复杂的社会系统。同时，教育本身又是一个小系统，由教育的各个要素按照一定的结构组成，并形成一定的体系。

系统论指出，结构和功能是系统的核心组成部分，它们之间存在着密切的联系。结构决定了系统的性能，而功能则决定了系统的可靠性。只有当结构达到最佳状态，才能实现最大的功能效益。但是，功能也会影响系统的结构，如果系统的功能无法适应外部环境的变化，就需要对系统进行改进，否则将会导致系统的崩溃。

所以，系统必须具有合理的结构，不合理的结构必定会影响其功能的正常发挥。教育作为一个具有独立结构和功能的系统，也必须要考虑系统优化的问题。一般而言，教育可以通过内部结构的合理构建和动态调整，使其自身与其他社会子系统之间，以及系统内部的各个小系统之间相互协调、共同发展，从而充分发挥教育的功能。

（二）高等职业教育在教育体系与结构中的重要地位

教育结构是由人才结构来确定的。社会需要什么样的人才，作为以人才培养为己任的教育就必须具备相应的教育品种和类型，否则，教育就会失去其应有的价值。按照人才的知识和能力结构，人才可分为理论型人才、高技术人才、技术型人才和技工。各类人才的社会功能虽有显著差异，但是，都是为社会所需、不可或缺的。缺乏任何一种类型的人才，或这些人才类型之间比例不合理，都可能严重影响社会的正常运转。

人才是由教育培养出来的，人才类型的不同决定了教育类型的差异。人才的结构和体系决定了教育的结构和体系。因此，与人才结构相对应，教育可以分为学术型教育、高技术型教育、技术型教育和技工教育。作为现代社会的组织系统，这四类教育也同样是不可或缺的，并须具备合理的结构，以发挥教育固有的功能。

根据国际教育分类标准，学术型教育和高技术型教育在 5A 阶段进行，一般是由普通高等教育组织实施；而技术型教育一般是在 5B 阶段进行，由高等职业教育组织实施；技工教育在 3B 阶段进行，由中等职业教育组织实施，它与 5B 级教育直接相通。由此可知，高等职业教育是一个与普通高等教育和中等职业教育相互衔接和沟通的、独立的教育类型，它们与基础教育共同构成了一个完整的教育体系。

（三）我国的教育结构与教育体系

结构是功能发挥的前提和基础，我国当前教育存在结构上的不合理，未能形成一个良好的体系，从而严重影响了教育功能的发挥，极大制约着我国社会和教育的发展。

1. 高等教育体系中的类型结构

我国现代意义上的高等教育自产生以来，就承袭了世界高等教育的学术性传统，始终未把培养技术型人才的高等职业教育作为一种独立的教育类型加以确立，以致我国的高等教育长期处于只重视以学科为本位的普通高教的单一状态之中，虽然高等专科教育、成人教育和普通本科教育都致力于培养技术型人才，以满足第一线的需求，但是，这一目标在我国高等教育领域仍未得到充分实现，学术型、高技术型人才仍然是我国高等教育的重要追求。这与当今发达国家普遍重视高等职业教育，将发展高等职业教育视为促进国家经济、社会发展的重要力量形成了强烈的反差。

2. 职业技术教育体系中的层次结构

改革开放以来，我国职业技术教育得到了很大的发展，规模和效益也得到了显著提高，形成了一支以中专、技校、职高为主体的中等职业技术教育队伍。中等职业教育的迅速发展为社会提供了大量技工，在一定程度上降低了中考、高考的竞争，使得更多的人有机会获取更好的就业机会，从而减轻了高中教育和高等教育的升学压力。此外，随着中等职业教育的不断扩张，高等职业教育的规模也有所增长，从而推动着经济的可持续发展。

合理的结构是功能得以正常发挥的基础，高等教育要全面适应社会主义现代化建设对各类人才的需求，首先必须保证有一个合理的结构，形成一个良好的体系，这样才能保证高等教育持续、快速、稳定地发展。

（四）高等职业教育是完善国民教育体系的关键

高等职业教育是高等教育和职业教育的连接点，是调整高等教育和职业教育结构的关键所在。

1. 明确高等职业教育的定位

高等职业教育的定位不明，无法完全培养出社会所需要的技术型人才，从而制约了高等教育功能的正常发挥。明确高等职业教育的定位，可以使高等教育体系的结构合理化，功能完整化。高等职业教育的发展，一方面，培养了具备专业技能的人才，可以满足社会对高等教育的日益增长的需求，实现高等教育最终的社会价值，另一方面，这也可以成为推进高等教育大众化的重要力量。

可以预测，大力发展高等职业教育是我国社会经济发展和高等教育结构调整的必然要求。

2. 完善高等职业教育体系

完善高等职业教育体系可以大大促进职业教育发展的合理化。

一方面，有利于中等职业教育和高等职业教育的沟通与衔接。由于高等职业教育的定位不明确，使得中等职业教育与高等职业教育之间缺乏有效的联系，从而大大削弱了职业教育的吸引力，严重阻碍了职业教育的发展。完善高等职业教育体系，有利于二者的衔接，有利于中等职业教育的毕业生继续深造，从而增加职业教育的吸引力。

另一方面，大力发展高等职业教育，可以使高等职业教育成为一个完整的教育类型。当前，高等职业教育主要集中于专科层次，极大限制了高等职业教育功能的发挥。作为与普通高等教育并行发展的一个独立体系，高等职业教育要继续生存和发展下去，就必须健全体系，建立完整的教育层次。

三、社会功能

高等职业教育的经济功能已为人们所熟知，而其社会性功能却是一个让人们觉得较为陌生的话题。当然，高等职业教育的社会性功能并不是高等职业教育固有的内在功能，而是在当前社会发展的特殊情况下所体现的特殊功能。了解高等职业教育的社会性功能的这一特性，对更完整地理解高等职业教育有着启示性作用。

（一）推动高等教育大众化

高等教育大众化是当代社会发展的必然趋势，高等职业教育的发展适应了高等教育大众化的发展需要，是高等教育大众化的重要组成部分，在很大程度上满足了社会适龄青年接受高等教育的强烈需求。

总体而言，社会发展对高等教育的客观需要和国民对高教主观上的强烈需求，促进了各国高等教育的大众化。

我国现行高等教育体系形成于精英教育的时代，人们普遍重视普通教育，轻视甚至漠视职业教育，造成学术型的普通高等教育社会地位高而高等职业教育受到无形压制的局面。这种以学术型普通高等教育为主导的高教体系在社会经济不甚发达而实行精英教育的时代，尚能适应社会的需求。但是，到了大众化时代，为满足更多的适龄青年接受高等教育的要求，仅仅依靠就业容量有限的学术型普通高等教育是不可能的。学术型普通高校的扩充会使培养出来的学术型、高技术型人才数量超过社会的实际需要，造成人才的结构性过剩，浪费大量的社会资源。同时，由于社会资源过度集中于学术型的普通高等教育领域，使得能够急社会之所需的教育类型在发展上受到很大的限制，从而严重影响了社会经济的持续稳定发展。

为推动高等职业教育的发展，我国政府先后制定了诸多政策，规定今后一段时间里，本专科生的增量指标主要用于发展高等职业教育。为加速我国高等教育大众化的发展进程，满足社会各方面的需求，必须把发展高等职业教育视为整个高等教育发展的重点。

（二）提高劳动者素质

高等职业教育的招生范围极其广泛，从未接受过正规中专或高中教育的青少年，到社会上的职场新手、转岗人员、失业人员，都可以成为其中的一分子。高等职业教育旨在为每一位参加高等职业教育的学习者提供专业的理论知识和实践技能，以帮助他们获得职业资格证书，并帮助他们培养出更加全面的综合素养，从而使他们更好地服务于社会发展。在毕业后，通过接受高等职业技术教育，学生可以快速掌握专业知识，并且可以轻松地胜任各种工作。这不仅有助于提升学生的个人素养，还有助于推动社会的就业。

（三）保持社会稳定

随着时代的发展，高等职业教育已经取得了巨大的成就，既培养出了许多具备实际操作能力和创新精神的高素质专家，也帮助许多高中毕业生实现了自我价值。高等职业院校更加注重招收那些没有获得正规高校教育的学子，让他们拥有更多的机会去实现自己的梦想，从而使他们成为社会的有价值的人才。高等职业教育不仅可以帮助在职人员提升知识水平，更可以为社会提供更先进的技术，以确保他们不会被社会淘汰。此外，高等职业教育还可以为失业者和转岗者提供技能培训，帮助他们重新获得谋生的能力。高等职业教育不仅促进了经济的发展，而且为维护社会稳定作出了"缓冲地"的重要贡献。

第四节　高等职业教育特色研究

通过深入探索和分析，我们可以更好地了解高等职业教育的类型特征，并加以改善。这不仅对于促进高等职业教育的可持续发展至关重要，而且也能够帮助形成一个共同的思维框架，让学者们都能够参与这个过程。本节将深入探讨高等职业教育类型特色的内涵，从跨界性视角剖析其特色，并提出一系列有助于增强这种特色的建议，以期为构建中国特色高等职业教育理论提供有力的支撑。在此基础上，我们将进一步探究如何更好地发挥高等职业教育类型特色的优势，以及如何更有效地实现这一目标，以期达到更好的教育效果。

一、高等职业教育类型特色建构研究

40多年来，随着改革开放的推进，我国高等职业教育取得了长足的进步，理论研究和实践探索也取得了显著的成果。作为一个具有重要意义的学科，高等职业教育受到了学术界的广泛关注。高等职业教育的类型论与层次论之间的争论和分歧源于不同的观点：类型论的学者认为，高等职业教育是高等教育的一个独特的类别；而层次论的学者则认为，高等职业教育的层次结构和内涵更加丰富，更能满足社会对高等职业教育的需求。因此，高等职业教育类型论与层次论之间的争论和分歧源于不同的观点，前者以类型论的视角探讨高等职业教育的类型，后者则以层次论的视角探讨高等职业教育的层次结构，以此来探索高等职业教育的本质特征和规律性特征。

如何更好地理解和把握高等职业教育类型特色，以及如何进一步增强它们的重要性，这些都是存在即合理的重要原因。深入的研究和有力的论证是必不可少的。高等职业教育的类型特色是其存在的基础，也是其独特的内涵。通过对这种特色的深入分析，我们可以更好地理解高等职业教育的理论框架，并将其作为一个共同的反思框架。为了更好地构建这一框架，我们需要从跨学科的视角来探讨高等职业教育的类型特色，并提出一些建议来加强这一特色，以便形成中国特色的高等职业教育理论。

（一）高等职业教育类型特色

1. 高等职业教育类型特色概念

类型特色是一种独特的标记或特征，是事物类型特色的重要基础。费孝通先生指出："从命题到结果整个是假设性的，以这种模式作为范型来测定现实的事例，推测它会出现的结果。"[①] 因此，类型特色的形成是一个复杂的过程，需要从理论上进行建构和分析。高等职业教育是一种重要的教育形式，它的特色决定了高等职业院校能否发挥其独特的优势。因此，我们必须深入研究这种教育形式，以便更好地提升高等职业院校的竞争力。

---

① 费孝通.访美掠影 [M].北京：生活·读书·新知三联书店，1980：35.

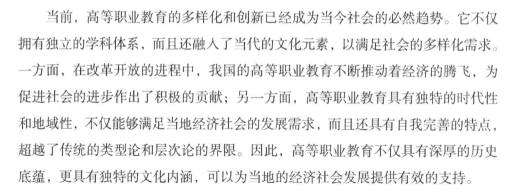

当前，高等职业教育的多样化和创新已经成为当今社会的必然趋势。它不仅拥有独立的学科体系，而且还融入了当代的文化元素，以满足社会的多样化需求。一方面，在改革开放的进程中，我国的高等职业教育不断推动着经济的腾飞，为促进社会的进步作出了积极的贡献；另一方面，高等职业教育具有独特的时代性和地域性，不仅能够满足当地经济社会的发展需求，而且还具有自我完善的特点，超越了传统的类型论和层次论的界限。因此，高等职业教育不仅具有深厚的历史底蕴，更具有独特的文化内涵，可以为当地的经济社会发展提供有效的支持。

2. 高等职业教育类型特色的形成

理论指导我们如何理解高等职业教育，而实践则指导我们如何实施这一教育模式。因此，要想构建一种具有高等职业特色的教育理论，就必须有实践的支撑。实际上，随着改革开放的深入推进，特别是 21 世纪以来，我国高等职业教育发展迅速，高等职业院校数量、在校生数量和毕业生数量都在不断增长，其规模已经占到了普通高等教育的一半以上。高等职业教育已经成为一种广受欢迎的教育形式，其特色受到历史和现实因素的影响。历史因素主要表现在制度和政策方面，而现实因素则主要体现在社会心理和社会认知方面。

3. 高等职业教育类型特色的社会功能

高等职业教育的独特之处在于它的社会功能。一种制度一旦被采用，它就会被其他组织效仿，并且这种制度被认为是"制度环境"，具有合法性。这样，"共享观念"的价值观就会被人们接受，并且他们会按照自己的期望和其他人的行为来行事。从实用主义的视角出发，中国当前的高等职业教育的研究者和政策的制定者可以从不同的类型中获得宝贵的启发，这些类型不仅能够提供理论指导，还能够激发学生的学习热情，为他们的未来发展提供动力。

（二）高等职业教育类型特色分析

1. 跨界性

（1）来源机构的跨界性

我国现代高等职业教育是从"三改一补"中发展而来的。"三改一补"的实施，是为了更好地推动我国的现代化高等职业教育，这不仅要求对现有的高等专科学校、职业大学和独立设置的成人高校实施改革、重组和重建，还要求在满足上述要求的基础上，增加一些中专机构，同时，一些本科院校也要建立高等职业技术学院。这些院校包括许多不同类型的高等院校，如专科、职业大学、成人高校、中专和一些本科院校，这些都表明了当时建立高等职业教育的院校结构的多样性。在这些院校中，高等教育和职业教育形成了一个复杂的交叉点，前者涵盖了传统的本科院校、高等专科学校，后者则是一种新兴的、具有更广泛发展前景的成人高等教育，它们在不同层面上都有着自己的特色，从而使得高教与职教的融合变得更加清晰可见。

（2）组建方式的跨界性

"三改一补"旨在通过改革、改组、改制和补充，以提升上述机构的教育质量，实现更高的教育效益。但是，各类机构仍需要拥有更多的自主权。回顾当年，"摸着石头过河"的原则被广泛应用于高等职业院校办学，使得这些院校在探索和实践高等职业教育的过程中，既保留了传统的办学模式，又融合了高等教育和职业教育的元素，使得高等教育的特点更加突出，而职业教育的特点也更加突出，使得高教与职教的跨界性更加明显。

（3）办学运行的跨界性

"三改一补"政策为高等职业教育的发展提供了有力的保障，使其成为我国教育发展的重中之重，在世纪之交取得了长足的进步。然而，当这些学校组建完毕后，仍然面临着极大的挑战，这也是"三改一补"政策的一大亮点。学校应该超越传统的教育视角，转向将教育与社会紧密结合，以更加开放的方式进行办学，并与外部社会建立良好的合作关系，以实现教育与职业、学校与企业、学习与工作等方面的有机结合，从而实现跨界发展。

2. 职业性

高等职业教育的成功取决于其所涉及的职业，正如美国实用主义哲学家杜威所指出的，这些职业能够激发人们的本能和习惯，从而使他们发挥出最大的潜力。此外，职业教育还能够提供更多有利于学习的因素，这比其他任何方式都要有效。

教育与职业的交流，不再局限于传统的学科体系，而是建立在当今社会经济发展的背景下，根据特定的职业群体和岗位需求，构建出一套完整的专业课程体系。亚伯拉罕·弗莱克斯纳指出，高等职业教育的最大效果之一就是将理论转化为实践，使企业能够更好地应用所学知识，无论是化学、物理还是其他领域。这种转变不仅有助于企业提升其实践能力，也有助于培养出具有创新精神和实践能力的人才。高等职业教育旨在培养学生的职业发展能力，以职业性为基础属性，这种基础属性将在人才培养方案中得到充分体现。泰希勒的研究表明，随着社会的发展，高等教育与就业之间的关系不再仅仅是技能的需求，而是如何让高等教育人才更好地适应现实工作中的不平等现象。[①] 随着知识经济的发展，新兴行业所需的职位更加依赖于技术专长和非认知技能，而这些技能的缺乏给低技能的人带来了巨大的挑战。因此，技能的提高与教育培训已经成为当务之急，如果没有有效的措施来解决，那么其他的问题将难以得到有效的解决。"大众创业万众创新"的推广使得初创企业、成熟企业、社会公众与高等职业教育的关系变得越来越紧密，使得高等职业院校不仅能够作为一个地区性的产教融合平台，还能够成为一个创新的孵化器，提供全方位的服务。通过引入最先进的技术、最前沿的业务模式，可以实现从创造性的思维到实际的经济效益和商业价值的飞跃。

3. 适应性

美国著名教育家欧内斯特·博耶将学术划分为四种类型：探究型学术，即通过深入研究发现新的知识；综合型学术，即通过课程的发展建立学科间的联系，以获取综合性的知识；应用型学术，即通过一定的方法将理论与实践联系起来；传播型学术，即通过咨询或教学来传播知识。"应用的学术"为产教融合提供了理论基础，而当今，正处于第四次工业革命的关键时刻，新兴技术和各领域创新成果的传播速度和范围都远超过往几次工业革命，为产教融合提供了强有力的支撑。研究表明，信息技术和其他革命性的技术的发展正在改变传统的人工生产方式，从而提升生产效率。为了迎接技术的飞速发展和商业模式的变革，我们必须加强教育、培养学习者，并积极提供就业机会。在这一过程中，创新生态体系将成为企业获得竞争优势的关键，而这取决于哪些机构能够有效地利用技术革命带

---

① 陈正江.中国特色高等职业教育发展与政策研究 [M].杭州：浙江工商大学出版社，2021.

来的机遇。高等职业教育的办学模式多样化，既有政府、企业，也有社会各界的参与，涵盖了学生、职工、农民等不同群体，在解决各种社会问题方面发挥着重要作用。职业教育与地方经济的联系更加紧密，因此，高等职业院校应当按照"以主动，换互动""以真心，换真情"的指导思想，积极参与，主动寻找机遇，努力推进职业教育的发展。在当前的经济环境下，我们必须开设市场急需的相关专业来满足市场的需求。同时，我们的人才培养也必须能够促进区域经济的发展，提高产业结构的效率，并帮助制造业转向服务业。随着经济转型升级的不断深入，为了满足市场需求，我们必须加强对现有劳动力和未来劳动力的培训，以提高他们的生产、营销、服务技能，从而为国家的经济结构调整和优化提供有力的支撑。只有建立起更加紧密的产学研联盟，构建起更加全面的合作伙伴关系，才能够激发出更多的活力，推动经济社会的发展，促进创新，激发创业热情，为经济发展和社会进步搭建良好的基础，满足产业变革的要求，最终实现经济社会的可持续发展。

4.终身性

胡克在《现代人的教育》一书中强调，"相关性"只能提供一种解决问题的方法，而这种方法只有在一个可预测的稳定世界里才能发挥最大的效用。因此，胡克认为，将教育、就业准备和外部需求紧密联系起来，就能成为一种解决问题的手段。职业教育旨在通过提供平等的机会，帮助每一位公民实现自身的价值，并且通过创新的人才培养模式，实现多元化的成长，从而使其在整个生活中都得到充分的发挥，从而满足各种社会阶层的需求。未来的社会将会出现许多新的职业和岗位，这不仅是因为技术的进步，还因为人口的增长、环境的变化、社会的发展以及文化的变化等多种因素的影响。人力资源将成为经济发展的关键因素，将发挥更大的作用。随着技术变革和商业模式创新的不断加快，未来社会对员工的技能要求也越来越高，因此，职业教育作为终身教育的重要载体，将为员工提供更多的机会，让他们能够在不同的环境中不断学习新技能和方法，从而实现技能的积累，并在某个领域或专业方面形成相应的能力组合。高等职业教育旨在培养具有高素质技能的人才，其中知识、技能和素质是最重要的培养内容。为此，产教融合主体应当共同制定人才培养方案，并将其纳入课程安排、场地布局、招生录用等具体活动中，以确保培养出具备良好职业素养的人才。面对新的社会发展需求，高等职业院校应当改变培养模式，打破传统的时空限制，构建一种更加符合终身教育理念的人才培养模式，以提高人才培养质量，减轻变革带来的负面影响，更好地满足社会经济发展的需要。

（三）增强高等职业教育类型特色的若干建议

随着时代的发展，高等职业教育的类型特色也在不断演变，从传统的日常经验，到现代的科学理论，再到现代的实践，不断地演化和提升，以满足社会的需求，同时也为促进高等职业教育的可持续发展提供了坚实的基础。下面将深入探讨学校的办学理念、人才培养模式、教学方法和育人目标，并给出相应的建议：

1. 增强产教融合的办学特色

2017 年，国务院办公厅发布的《关于深化产教融合的若干意见》强调，产教融合是推动职业教育发展的重要举措，也是实现职业教育质量提升的关键。高等职业教育在产教融合方面拥有独特的优势，可以为社会培养更多的技能型人才。为了更好地服务于经济社会发展和人的全面发展，应该积极引导专科高等职业院校，集中力量办好当地需要的特色优势专业（群），并且加强高等职业教育产教融合示范基地的建设，以调查为基础，推动产业需求与专业设置、职业标准与课程内容、生产过程与教学过程、职业资格证书与毕业证书、终身学习与职业教育的有机结合，以促进学校层面和专业层面的深度融合，从而更好地满足社会的需求，实现职业教育的有效发展。为了促进地方经济和社会的发展，学校需要培养人才并提供智力支持。

2. 增强校企合作的人才培养特色

2018 年，教育部等六部门联合发布《职业学校校企合作促进办法》，旨在建立一个以政府支持为基础、学校主导、企业参与、共同受益的校企合作机制，以培养具有高素质技能和创新能力的人才。校企合作是一种以满足社会发展需求为核心的运行机制，它要求企业和学校共同参与，共同制定和实施教育计划，以提升学生的综合素质和创新能力。校企合作人才培养模式与传统教育模式有着本质的不同，它将学校和企业的教育结合起来，从封闭式的学习模式转变为开放式的社会教育，以实践教育为主，以满足社会发展需求为导向，构建长期稳定的校企合作机制，以提升人才培养水平。

3.增强工学结合的教学特色

2012年，《教育部关于全面提高高等教育质量的若干意见》明确指出，要以"做中学"为指导，以满足产业、行业、企业的需求为目标，积极推进高等职业教育的教学工学结合，不仅要加强专业建设，而且要深入推进课程建设与教学改革，以期达到更好的教学效果。通过将工科与理科相结合，旨在加强对学生的职业道德、专业技能和就业创业能力的培养，以培养具有实际应用和高超技能的人才。此外，"双师型"课程的实施也将为教师团队的发展提供支持。

4.增强知行合一的育人特色

立德树人是推动中国特色社会主义教育事业发展的核心，是培养具有良好道德品质、全面发展的社会主义建设者和接班人的根本要求。现在，越来越多的学生被迫走上了一条特定的职业发展道路，他们在选择课程和实践活动时，都会考虑到自身的职业发展目标和规划。为了让立德树人的根本任务得到有效实施，学校必须充分发挥全课程的育人功能，加强实践育人环节，确保各类专业实践教学所需的学分（学时），并在教学过程中建立新型师生关系，以促进知行合一的育人特色得到充分体现。

二、高等职业技术教育其他特色

随着时代的进步，高等职业技术教育已成为一种满足当今经济社会发展所需的高素质应用型人才的重要培养机制。它不仅拥有传统的学历教育模式，更有着多种创新的课程体系，体现了以下特色：

（一）培养目标的特色

高等职业教育是高等教育的重要组成部分，旨在培养具备良好的理论素养、实践技能和创新精神的人才，以满足社会对高素质人才的需求。它不仅要求学生掌握基本的理论知识，还要求他们掌握最新的技术和工艺，以便更好地适应社会的发展，并具备较强的动手能力和解决实际问题的能力，从而与中等职业教育有所不同。高等职业教育旨在培养具备综合职业能力和全面素质的高级应用型人才，以满足社会对技术型人才的需求，他们不仅要掌握设计、规划、决策等技能，还要能够将科技成果转化为实际生产，为社会发展作出贡献。因此，高等职业教育的培养目标是为社会提供高质量的技术人才，以满足社会对技术型人才的需求。

（二）人才规格的特色

人才规格是培养目标的具体化。高等职业教育培养的人才，应具有"爱岗敬业、诚实守信、服务群众、奉献社会"的职业道德；拥有必备的文化基础知识和专业基础理论，既能胜任技术密集型的岗位，又有可持续发展的能力，具有较强的职业能力和娴熟的专业技能，具有较强的钻研精神、务实精神、创新精神和创业能力，具有健康的体魄、良好的心理素质以及交往与合作的能力。

（三）专业设置的特色

科学合理地设置专业，是实现高等职业教育培养目标和体现职教特色的基础工作，也是高等职业技术院校主动适应社会需求的关键环节。高等职业技术教育与经济发展密不可分，它不仅能够满足经济结构调整、技术进步和劳动力市场变化的需求，而且还能够为社会培养更多的高素质人才。因此，高等职业技术教育应该以市场需求为导向，结合实际情况，灵活设置专业。专业设置是市场需求与学校教育的有机结合，学校应该根据社会发展的实际情况，进行全面的社会调查，准确把握地方产业结构和经济结构的变化，以及经济、产业、岗位等方面的需求，设置具有前瞻性和先进性的新专业，以提供技术支撑，为自身发展注入新的活力。坚持稳定性与灵活性相结合的原则，积极探索新的发展机遇，不断提升职业岗位结构的科技含量，加强市场化与国际化的融合，不断改造、拓展专业，优化专业结构，构建具有示范性的专业类群，以满足社会发展的需求。这就构成了高等职业教育专业设置上的独特特色。

（四）课程设置的特色

普通高等教育以培养学生具有深厚的专业理论基础、较宽的专业知识面、较强的科学创造潜力为目标，强调学科知识结构的完整性和系统性。高等职业教育旨在培养学生拥有全面的职业技能、丰富的工作经验、出色的技术应用能力，重点强调职业技能的实践性和可操作性。高等职业教育的课程设计旨在培养学生的职业能力，重点放在理论知识的实际应用上，而不是追求理论知识的完整性。课程内容应该紧扣实际，突出应用性，重组课程结构，构建模块化课程和综合化课程体系，以满足学生的实际需求，并及时更新教学内容，以提升学生的职业技能。文化课的教学应当既注重培养学生的专业知识和技能，又要为他们提供更多的机会去探索和实践，以提高他们的综合素质和创新能力。

课程改革是教学改革的核心任务。高等职业教育的课程开发与改革要有产业界人士参与，才能更好地把用人单位的需求在课程设计中体现出来，以保证课程设计的科学性和适应性。

（五）培养模式的特色

以"能力为本位"的培养模式被认为是高等职业教育的核心，它强调实践性的培养，将理论和实际操作紧密结合，实践性教学的比例达到50%以上，实验和实习的比例达到90%以上，并且将教学和实际操作紧密联系起来，通过顶岗实习，让学生们可以实际操作，熟练掌握各种生产技术。"双证制"和"多证制"的出台，大大缩短了学生在毕业后进入就业市场的时间，使他们能够轻松地获得相关的职业技能资格，从而实现"零"距离就业。

在高等职业教育中，创业能力是一个非常重要的方面。学生们在入学的第一天就可以开始学习如何自己寻找工作并尝试创业。"就业与创业""经营管理""公共关系""法律与税收"这些课程是一个很好的例子，它们可以帮助学生们更好地理解如何在这个竞争激烈的市场中取得成功。此外，学生们还可以参观一些具有独特风格的工厂和基地，并参加一些社会调研。

在高等职业教育中，非常看重培养学生的创新思维和能力。这种思维方式贯穿整个课程，并且在教学过程中贯穿始终。在教学过程中要强调学生的主导地位，鼓励他们自主学习，并且在课堂上提供有益的实践机会，帮助他们发掘问题，勇敢地去挑战，并且坚持不懈地追求自己的目标。

高等职业教育重视个性化培养，采取灵活的学制和学分制，以培养出具有个性特质、能够突出表现的优秀人才。在教学过程中，要鼓励学生勇于挑战，激发他们的潜能，充分发挥他们的优势，使他们在未来取得更大的成就。学校应该为来自不同背景和水平的学生提供多种选择，以便他们能够有效地完成学业。

（六）师资队伍的特色

高等职业教育的特点在于，"双师型"教师需要拥有深厚的理论功底，并且要具备出色的教学能力，以及丰富的实践经验，这也是"双师型"教师的一个重要特征。为了提升学生的实践操作能力，专职教师应该定期、定量地前往相关生产单位进行实践活动，包括生产管理、技术改造、产品营销等。此外，为了优化师资队伍结构，学校还应该积极吸纳企业、事业单位的工程技术人员、管理人员和具备特定技能的人员来学校担任兼职教师，以凸显职业教育的独特性。此外，这也是加强学校与社会联系的重要途径。

高素质的教师队伍是保证高等职业教育人才培养质量的前提。从事高等职业教育的教师必须具备较强的创新意识和乐于吃苦的奉献精神。

（七）教材建设的特色

高等职业教育的教材以适应科技、经济和社会发展对高级技术型人才要求，体现新知识、新技术、新工艺和新方法，其有很强的时效性。职业教育以服务行业和区域经济为办学宗旨，即使同一个专业的高职教材，也因地域环境或产业结构的不同有较大的差异，具有很强的地方特色。高等职业教育有相对独立的实践教学体系，实验、实习教材以生产性、工艺性、设计性、综合性实验内容为主，减少演示性、验证性的实验内容，实现基本实践能力与操作技能、专业技术应用能力与专业技术、综合实践能力与综合技能的有机结合。同时，教材的体系、结构、体例要符合高等职业教育的教学规律和学生的逻辑思维方式，做到深入浅出、循序渐进，便于学生理解与掌握。

高等职业教育以"应用"为核心，结合"应用"和"必需、够用"，构建出一套完整的课程体系，以满足学生的学习需求。专业课教学强调针对性和实用性。实践教学体现实践能力、创新能力和创业能力的培养。

（八）教学方法的特色

为了达到高等职业教育的培养目标，必须彻底改变现行的教育模式和教学方式，以满足当前的需求。高等职业教育的要求是：第一，教学与生产要紧密结合，采用工学交替的方式，创建一个融合教学、实践和研究的特殊课堂，采用现场教学法，让学生在实践中学习，培养他们解决实际问题的综合能力和岗位职业技能；第二，教学与科研要紧密结合，让学生参与科研实践活动，营造一个独立思考和研究性学习的环境，引导学生积极探索，培养他们的创新精神和严谨求实的作风；第三，要求学生在实践中学习，在实践中掌握专业知识，培养他们的创新能力和实践技能。教学应当充分利用现代先进的教学工具，开发和使用多媒体课件，营造出一种生动形象、图文并茂的现场氛围，以提升课堂教学的直观性和有效性。采用多媒体教学，还可以实现优秀教育资源的共享，最大限度地满足学生个性化自主学习的需要，还可以培养学生从互联网上获取新信息和新知识的能力；第四，教学应重视启发式，营造一种平等、和谐、融洽的课堂氛围，激发学生的参与热情，鼓励他们积极思考、勇于提出问题，以培养他们的求知欲望和创新思维能力。

总而言之，特色是高等职业教育的核心，也是其成功的关键。通过不断探索和实践，致力于打造具有独特性的高等职业教育，这也正是高等职业教育的办学理念。

第二章　高等职业教育整合理论构建

理论建构是任何学术研究都追求的一种目标和境界。它是学术研究的根基和底蕴，也是衡量和鉴别研究成果价值品位及深浅高下的标尺。我们希望通过自己的思考，为整合的理论建构做一点基础性的拓荒工作，并吸引更多的人参与到这一研究阵营里来。本章主要介绍了高等职业教育整合理论构建，主要从四个方面进行了阐述：整合的理论价值与特征描述；整合，高等职业教育的逻辑起点；整合，高等职业教育的核心范式；整合，高等职业教育应有的思维方式。

第一节　整合的理论价值与特征描述

一、整合对高等职业教育的价值

连结组合多个性质不同的现象、事物或主体，使他们在趋于相同的价值整体上进行融合的过程就是整合。对于高等职业教育而言，整合能够体现其价值。

第一，整合这种哲学方法论是被高度概括的。方法分为理性层面的方法、有经验层面的做法和哲学层面的方法论这三个层级，方法是一种研究方式，即规范和程序，方法论则是一种理论，属于方法本身。方法论这种理论抽象存在于方法之上，有一定的权威和规范。然而，像教学的模式、方式和程式这样的"式"也可以用来概括我们常说的方法，这是一种依法行事的状态，整体上有可操作性和形式性两种特征。

第二，整合是拓展创新可能和教育边界的有效方法。整合作为方法论理论，当然不是终结性的，而是始发性的。因而，我们必须怀揣着整合的方法上路，寻求高等职业教育创新才是我们的目的。整合的方法为高等职业教育的理论和实践创新提供了无限的可能性。整合可以在跨界整合中，极大地拓展职业教育的边界和领域，催生职业教育的发展创新；可以贯穿职业教育的始终，催生职业教育的实践创新；可以与各种学科理论、思想整合交集，催生职业教育的理论创新和超越。

第三，整合是高等职业教育理论建构的基础。整合是职业教育理论和实践建构、运行的总纲，是职业教育理论和实践的灵魂和核心，全部职业教育的理论基础、思维方法和实践模式都是建立在整合上的。在这个意义上，我们也可以把整合称为高等职业教育理论建构的"学科之眼"。透过这一"法眼"，职业教育研究将获得一种高远的视界，一览众山小，将获得一种邈远的境界，视野无极限。整合使我们在俯瞰和远观的视界中，看清职业教育的本质和全貌，洞悉职业教育的远景利好走向，并在这样的整合追求和实践中，登临极顶，放眼未来，实现超越，行之久远。

第四，要想构建职业教育学科，必须要从整合上着手。专业人员在其独有的领域建立出的专门化知识体系就是学科，这一学科会在专门的术语和方法的基础上建立，有严密的体系、一致的概念和可靠的结论。目前，社会还没有广泛认同职业教育一级学科的地位，因此，这一学科一直处于教育学的从属地位。从本质上来看，形成这种现象的原因主要有两个：一是学科没有清晰的性质，职业教育的学科体系并没有被这一学科的各种性质界定和规范所支撑起来；二是过于严重的体系同化，对高等教育学或教育学理论过多的借鉴和移植，自身没有自己独特的话语体系和核心范式。从严格意义上来看，职业教育自身的学科理论还没有形成，并且内部也没有建立起来高层次的职业教育学科体系。一门学科在学科建设的条件方面有三个层面，即"学""道""技"。"学"主要探讨原理、机制和规律等方面，属于科学范畴。"道"指的是一种立场、思想、观念和方法论，能够影响学科的发展，属于哲学范畴。"技"主要表现为技巧、技术、方法等，是一种行为方式，属于技能范畴。在职业教育学科内，"道"会对"技""学"进行统领，并将其整合，进而建设学科。

二、高等职业教育整合理论的特征描述

特征是事物的特性和表征，是一事物区别于他事物的特殊性的体现。理论特征是指某一理论所具有的独特的个性表征，它是由内而外彰显出来的一种品质，同时又是由外而内蕴蓄的一种特性。高等职业教育整合理论有四个基本特征，即普遍性、联系性、综合性、整体性。

（一）普遍性特征

普遍性是高等职业教育整合的存在特征。对于高等职业教育而言，整合是普遍存在的，它无处不在，无时不有。

一方面，高等职业教育的整合普遍存在于高等职业教育的发展过程中，换言之，高等职业教育所涉及的各个领域和方面，所存在的事实和现象都可以纳入整合的视野和范畴，并予以观照和审视、解读和揭示，没有例外。

另一方面，每一职业教育的发展过程自始至终存在着整合。如校企合作、教育体系、课程改革、资源共享、师资要求等，都始终与整合相伴随。旧的整合过程完结了，又将酝酿和开启新的整合，它是一个周行不殆、循环往复以至无穷的过程。只要高等职业教育存在，整合就存在。高等职业教育就是一种整合的存在，换言之，整合是高等职业教育的存在形式。

（二）联系性特征

联系性是高等职业教育整合的生成特征。整合是寻求联系的过程，联系是整合的内在机理，没有联系，就没有整合。联系的观点是唯物辩证法的一个基本观点。联系是指一切事物、现象及事物内部诸要素之间的相互依赖、相互制约、相互影响、相互作用。事物的联系是客观的和普遍的，联系的客观性是指联系是事物本身所固有的本性，不以人的意志为转移。联系的普遍性是指世界上的一切事物都与周围其他事物这样或那样地联系着，任何事物内部的各个部分、要素又相互联系、相互作用着。整个世界就是一个相互联系的统一体。从联系的基本环节或辩证范畴看，现象和本质是显隐联系，内容和形式是表里联系，原因和结果是依存联系，可能性和必然性是转化联系。当然，还有内部联系、外部联系、直接联系、间接联系等。

高等职业教育的整合就是对事物各种联系的发现和把握。因为只有发现联系，才能将二者联结到一起、整合到一起；反之，如果没有联系或虽有联系却没有被发现，都将无法实现整合。如职业能力与技能训练是一种直接联系，我们可以把二者联结到一起，形成整合。但职业能力与知识和工作任务之间的联系，就不是那么明显，它们是间接联系，发现这种联系需要有眼力和智慧。只有在具体工作情境中，发现事物内在的、深层次的联系，才能实现职业教育有价值的创新整合，指导职业教育的实践。所以，联系是整合的基础和前提，是生成整合的基本特征。

（三）综合性特征

综合性是高等职业教育整合的手段特征。综合相对于分析而言，它是在分析、比较、归类等思维过程的基础上，将事物的各个部分，按照事物的本来面目有机地联结到一起，从整体上把握事物的思维过程。综合是将联系的事物整合为一体的手段，两种不同的事物不论联系多么紧密，它们都不会自动地结合在一起，生成新的事物，它需要外在综合的促成，需要手段的连接。手段是确立目的的方法、介质和工具，是实现目的的策略。高等职业教育的整合需要综合手段的辅助。

以课程整合为例，面对高等职业教育课程芜杂、繁多、课时超载的现象，学校必须对它们进行整合。但这样的整合不是任意而为的，而是建立在对课程性质的分析、课程内容的比较、课程门类的归并基础上的。如将种植专业的植物学、植物生理学、土壤学、农业气象学、肥料学五门课程整合成植物生长与环境，就是以综合为手段，实现对课程的成功整合。若无综合，离散的、分拆的事物将不能凝聚为一个整体，不能生成具有整体优化特征的全新的事物，整合就无由实现。应当强调的是，应处理好手段的运用与目的的关系，因为手段价值离不开目的价值的规定，目的价值离不开手段价值的推进。如果没有手段价值的现实化和层层推进，目的价值就会成为空中楼阁。同样，如果没有目的价值的规定，手段价值就会陷入盲目和自流。所以，高等职业教育整合必须高度重视综合手段，并在整合实践中注意这一手段与整合目的的统一。

（四）整体性特征

整体性是高等职业教育整合的完型特征。整合是以综合为手段，从整体上把握事物的哲学方法。整体性是整合后的事物体现出的一种完型特征。系统理论特别强调事物的整体性或整体功能，强调 1+1 > 2 的整合效应或系统功能。

整合的整体特性要求我们：首先，要有整合的整体意识，要立足整体看事物，观万象，这样才能看清整体，总览全貌。其次，要重视整合结果的整体优化。这里可以借助 1+1 数字模型而言明整合结果的几种情况。

一是 1+1 < 1，这是一种完全失败的整合，现实中这种整合有时也是存在的。例如，如果当这种整合是混乱、冲突、内斗、自耗的整合，就必然会产生小于 1 的结果。这样的整合是我们最不愿看到的，其结果是不仅整垮了别人，也整垮了自己，是"双输"的整合，不如不整合。

二是 1+1 < 2，与整合的预期相比，大为缩水，并没有达到最终符合预期的效果。

三是 1+1 = 2，这是整合的正常情况，是一种无衰减的平衡态整合，这种整合虽然在规模或数量上产生了变化，也不排除在局部、个别的方面有一定的创新和超越，但在总体的质量和效益上并没有突破和长进，是一种区间的震荡和渐变。以水为喻，这种渐变和波动并没有改变水的形态，升温而不至为气，降温而不至为冰，没有新质的产生，是渐变累进的常态模式，也不是理想的整合。

四是 1+1 > 2，大于 2 的整合结果，意味着整合取得了质变和突破，取得了显绩和实效，是一种水化为汽或凝为冰的超越创新式整合，是我们希望看到的理想样态的整合。

从价值理论角度研判，第一种整合是负值的整合，第二种整合是减值的整合，第三种整合是等值的整合，第四种整合是超值的整合。我们所追求的整体优化的整合，应当是 1+1 > 2 的超值整合。

第二节　整合，高等职业教育的逻辑起点

逻辑起点是高等职业教育理论与实践研究的一个重要问题，是高等职业教育理论和实践的起始范畴，由此出发，能够推导和演绎出整个职业教育的宏大体系，

能够解释职业教育的一切事实和现象。逻辑既是理论体系建构的本源、开端和基础，也是思想或思维的起点，还是实践操作层面最根本的起点和方法论。因而有必要加以澄明和理清，以便为高等职业教育研究设定一个好的切入点，理顺研究思路，为研究的展开打开通道。

一、职业教育逻辑起点的认定依据

认定职业教育的逻辑起点，不是以主观上觉得如何而定，而应该科学准确地把握逻辑起点的内在规定性和认定依据，这样才能帮助我们循此追索、由表入里，有效地理清职业教育逻辑起点的本真性状，真正找到属于职业教育的逻辑起点。

（一）逻辑起点是理论的起始范畴

一方面，逻辑起点是理论建构的基石。逻辑起点又称初始性范畴或理论基石、逻辑基石。逻辑起点是一门科学或学科的理论体系的基石，是理论体系赖以建立的基础。这一基石以"胚芽"的形态内在地隐含着所有后续规定的内容，一切后来的东西都可以而且必须从中合理地、有序地演化出来、拓展开来。另一方面，逻辑起点是理论有序展开的始点。理论，是经由缜密论证的概念组成的知识体系，是系统化的理性认识。这种由概念、判断和原理构成的体系，不是胡乱堆积的，而是有机联系的、相互兼容的，并能够被有序化地推导。逻辑起点就是理论有序展开的"起始范畴"，是理论体系的"始自对象"，因而，反过来，逻辑起点又成为掌握理论精髓的重要前提，它既是我们把握已知科学规律的瞭望窗口，又是我们窥探未知领域奥秘的开门钥匙。

（二）逻辑起点是一个抽象的规定

逻辑起点是包括教育学体系在内任何一门学科体系范畴中最抽象之物。只有找到了这个抽象之物，并将教育理论奠基于此基础之上，才能科学地体现出教育理论对教育实践的巨大指导意义。

首先，逻辑起点是最集中地反映事物全体的本质的范畴，它必须是经由现象概括达于本质而又能反转过来解释现象、指导现实的范畴，这样的范畴必然是一个抽象的、一般的、普遍的规定。

其次，逻辑起点只有高度抽象，才能达到形而上的理论高峰，产生高屋建瓴的理论势能；才能极大地拓展其外延，为理论体系的建构开辟更广阔的空间，预留足够的领地。换言之，作为逻辑起点的范畴必须是一个虚灵的概念，才能承载和生成更多、更丰富的东西。

最后，越是抽象的就越是具体的。逻辑起点只有高度抽象，才能与形而下的教育实践之间形成巨大的理论张力和活力，才能在与具体的、个别的、特殊的职业教育实践的相互结合、相互作用过程中，产生普遍的指导作用。

（三）逻辑起点是一种思维方式和前提

思维方式是人脑活动的内在程式，是人们通过思维活动达到思维目的的途径与方式。不同的人有着不同的思维方式，例如，哲学家通过符合逻辑的思维思考抽象的事物，文学家则通过形象的思维把握外部世界。逻辑起点是人们把握理论并建构理论的切入点，与人的思维方式直接相通，换言之，逻辑起点本身就构成一种思维方式。这可以从以下两方面求证：

一方面，逻辑起点问题是哲学特别是逻辑学研究中的一个基本问题，对它的理解就不能脱离哲学、逻辑学的基本理论。逻辑学是以思维本身为研究对象的，是研究思维的形式和规律的科学，逻辑起点自然要符合逻辑学的规定，并和人的思维方式、方法相关。因而，人们通常也把逻辑起点当作思维的前提和取向、思维的有机构成。

另一方面，哲学方法论是人的思维方法的核心，对各种具体的思维方法起着制约作用。从哲学意义上讲，逻辑起点是人们思维的具体上升到抽象再到具体全过程的初始概念，从而构成思维的基石。换言之，逻辑起点对整个思维过程具有引领制导作用，并在过程中体现方法，在方法中蕴含过程。

二、整合，职业教育逻辑起点的证明

（一）整合是职业教育的起始范畴

逻辑起点要求作为起点的东西，必须是一个理论体系的开端，是理论体系的根基。考察"整合"这一范畴，完全具备这样的特性。

整合是一个外延极宽泛和内涵广延性极大的概念，由此出发，可以涵盖和推导出整个职业教育的理论体系。这从职业教育的产生、性质和发展路径等多方面都可以得到印证。

第一，高等职业教育的产生就是以整合为发端、为手段，组合重整的产物。整合的方针是"三改一补"，即对现有高等专科学校、职业院校和独立设置的成人高校进行改革、改组和改制，并选择部分符合条件的中专改办。整合的类型和策略是：①中专整合的升级版，即多所中专学校合并重组，升格为高等职业院校；②独立转型的改制版，即由单一的成人高校、职业大学或专科学校改制成高职高专院校；③多级整合的混成版，即由一所专科加一所以上的中专学校，不同等级的学校混合整合而成的高等职业院校。正是由于职业教育的成功整合，才迎来了高等职业教育大扩容、大发展的黄金十年，为我国经济的振兴与发展奠定了人力资源基础，提供了有力的保障。

第二，从高等职业教育的性质看，高等职业教育也是基于整合而生成的。高等职业教育在层次上属于高等教育的范畴，有别于初、中等职业教育；在类型上属于职业教育范畴，有别于普通高等教育的学科体系；在内容上属于技术教育范畴，既有别于普通高等教育的学术教育，也有别于中等职业教育的技能教育。可见，高等职业教育的性质就是高等教育、职业教育、技术教育的整合，它是层次、类型、内容"三位一体"多元整合的产物。

第三，职业教育的发展路径是"工学结合、校企合作"，同样是工作和学习整合、学校和企业整合的产物。为此，姜大源就直接把职业教育视为"整合科学"，认为它是指"在职业教育领域内集成教育过程与工作过程的创新性的职业科学"[①]。除此之外，他还鲜明地提出了职业教育是"跨界教育"的观点，实质上还是整合教育的另一种表述。

（二）整合是职业教育的抽象规定

作为职业教育的逻辑起点，整合是一个哲学概念，是抽象的。抽象是指从许多事物中舍弃个别的、非本质的属性，抽出共同的本质属性，形成概念的过程。

---

① 姜大源．职业教育专业教学论初探 [J]．教育研究，2004（5）：49-53．

整合就是这样一个抽象的概念，它不能被具体体验，也不能被想象感知，是笼统的、空洞的东西，这种抽象规定代表的是一种哲学思考、一种方法表征、追求。

首先，作为哲学思考，整合是寻求联系的过程。联系性是整合的内在机理，整合就是发现联系并将具有内在联系的事物组合到一起的过程。没有联系，就没有整合。整合就是在思考中发现联系，在联系中实现整合的抽象思辨和理性统整的过程。

其次，作为方法表征，整合是方法运筹的过程。逻辑起点是一定的立场、观点和方法的集中体现，也是一种理论体系区别于其他理论体系的标记。选择科学的逻辑起点，也就是选择建构科学理论体系的重要方法和原则。整合作为职业教育的方法论，是囊括全部和贯穿始终的。就课程而言，面对职业教育课程的分散、错位、低效，以及教材的繁、难、偏、旧的积弊，个别的、具体的、隐性的整合行为是随时发生，无处不在、无时不有的。而当这样的整合实践积累到一定的程度，经由归纳、梳理、提炼，就可以概括成具体的整合方法，这时隐性的经验整合就上升到了显性的理性方法阶段。而对这些整合方法进行再抽象、再概括，就达到了方法论层面，进到了思维的更高阶段。这样经过一个"肯定——否定——否定之否定"的轮回，又更新回到了新的更高的整合的逻辑起点。

最后，作为创新追求，整合是创新生成的过程。整合的本质就是创新。通过整合，归并、舍弃、删削旧的要素，增加、合并、重组新的要素，产生 $1+1>2$ 的整合效应。

（三）整合是职业教育的思维方式

思维方式是人脑进行思维加工的活动方程式。思维方法是思维方式的核心内容和具体体现，是构成思维方式中最实质、最基本的部分。整合作为职业教育的逻辑起点，正是理论思维的形式和思维工具。这种整合思维方式在职业教育研究过程中表现为概括化、类比化、归纳化、演绎化等。

概括化是思维的具体形式，它是指从事物的相同属性中抽取共同的本质属性，形成上位的普遍概念，然后再推广到具有同类属性的一切事物中。概括化是指对事物概括的过程，亦即整合的过程。因为任何概括都是由分析、分类、比较、抽象、综合等环节的整合实现的。在职业教育中，我们对事物的认知与把握，对方法的提炼与概括，对思维的历练与提升，一刻都离不开概括。

类比化也是一种整合的思维方式。类比与演绎和归纳一样，是人类主要的思维和推论方式，也是任何一种理论展开论述的基础。类比是两类事物多个相似点的系统比较，它是结构化的。在这两类事物的比照中，必有一种具有简单的、直观的、确定的性质，使人们从熟悉的、众所周知的、一清二楚的事例中得到的知识与不明确的、人们不甚熟悉的或然性境况相联系。

归纳化是从个别性的前提推论出一般性结论的方法。它是个别与个别相整合，归入一般的类来认识，最后达到一般的过程。因而，归纳化具有鲜明的思维整合的特征。对职业教育而言，归纳侧重对事实的概括，从经验升华为结论，从个别的、表面化的、缺乏普遍性的经验中抽象出一般原理，把握个性中的共性。它是职业教育最重要的思维方法之一。

演绎化是从一般性的前提推出个别性结论的方法，先假说，后求证，这是从一般到个别，推论和判断个别事例的认识方法。

演绎是一般与个别相整合，最后推导出新的个别的过程。演绎的逻辑思维和推论可以使我们利用知识不断认识新的事物，使认识不断拓展、深化，归纳和演绎，两种思维方式又是互补的。归纳的结论成为演绎的前提，演绎的结论又成为归纳的新的材料；归纳是获得知识，演绎是运用知识。正如哲学家怀特海指出，知识来自从特殊上升到一般的归纳性逻辑，而利用则是把这个过程颠倒过来，再从一般降至特殊，是演绎的逻辑。整合起来看，利用知识实为一个不断上升和下降的过程。[①]

第三节　整合，高等职业教育的核心范式

范式是 1962 年由美国科学哲学家托马斯·库恩（Thomas Kuhn）在《科学革命的结构》一书中提出的核心概念，自此以后就开始逐渐泛化到了社会科学领域，

---

① 怀特海.教育的目的 [M].杨彦捷，译.福州：福建人民出版社，2018.

并被教育研究领域普遍使用。库恩认为，范式主要是指某一学科群体在某一专业和学科中所具有的共同信念。这种信念规定了他们共同的基本观点、基本理论和基本方法，为他们提供了共同的理论模型和框架，从而成为该学科的一种共同传统并为该学科的发展规定了方向。① 当下高等职业教育在寻求理论创新与突破的过程中，也开始尝试引入和借鉴范式理论。

一、职业教育范式的证明与厘定

（一）职业教育范式的证明

我们认为职业教育可以应用职业教育的范式或无范式理论，主观感觉并不能决定学科领域是否有与自身相适合的研究范式，因为这是由客观实际决定的，所以我们不应当轻率地判定这些内容。换言之，我们并没有将职业教育中的范式找出来，即具有普适性的研究方法、共有信念和思维框架并没有被挖掘出来，因此，这种研究范式并不能被判定为不存在，只能说研究的深度还不够。这与牛顿的万有引力定律类似，我们不应当否认在牛顿发现万有引力之前，万有引力就已经存在。

（二）职业教育范式内涵的厘定

首先，范式这种理念的内涵为"信念"，信念作为一种思想观念，被人们所坚守、相信，范式是把持定位理论研究的内容，范式作为一种信念和理想被群体一致遵守，这一学科信仰主要侧重于以同类研究为基础的共同体成员方面的研究。这一信念能够从根本上引领特定领域的学术研究，具备预设性和前瞻性，能够对研究群体人员的动力和热情进行激发，使之获得共同的理想信念，进而为目标努力。

其次，范式也属于方法论的一种。在后继的研究者群体中这一说法被广泛认同。人们对世界认识和改造的一般方法和方式就是方法论，方法论属于一种理论或学说体系，方法论的研究主要侧重在论方法上。

最后，范式也是研究框架和思维方式的一种。范式能够将人们通过哲学的方式与外界环境建立关系，是一种解释方式和思维形式。范式的形式有其自身的发

---

① 夏基松，沈斐凤. 西方科学哲学 [M]. 南京：南京大学出版社，1987.

展历程，主要为"感性具体——理性抽象——思维具体"，这是一个从程式向模式发展的过程，侧重的领域也逐渐从具体做法而走向理性抽象，其发展的最终目标为思维具体的范式。研究方法一旦走入了范式的层面，其思维方式就上升到了方法论层面，能够真正地指导思维。

二、整合作为职业教育核心范式的逻辑论证

职业教育的研究范式就是"整合"。整合范式是教育工作者共同持有的关于教育理论与实践所依托的教育理念、理论框架和文化认知方式。整合成为职业教育研究的核心范式的原因如下：

（一）整合具有范式应具有的共性特征

从范式的基本信念、基本的前提假设和基本的研究方法三个规范维度加以展开。

第一，如今人们会在比较各种学科教育的过程中，获得了对职业教育的基本了解，即产生了教育中的分类，出现了另一类型的教育，这种教育的本质被认为是整合教育。定界的教育包括高等和普通中等教育，而职业教育超越了企业与学校、职业与教育和工作与学习的界域，具有较强的开放性，在教育的过程中，能够跨界。学界对这种创新的理念广泛认同，这是因为这种理念与职业教育的特点、规律、本质和类型相符合，能够将一个全新的语境提供给职业教育的研究。

第二，在职业教育的研究中，整合是最具有创新品格和特色的假设。要想进行推测和创新就必须要进行理论假设。从本质上来看，理论假设是一种推断思想理论假定的内容。"整合"这种基本假设的提出是以职业教育的众多实践、现象、研究和思考为基础的，并不是主观臆造出来的冥想内容。

第三，对于职业教育研究而言，整合这一策略和方法论是最基本的。对于研究而言，研究的方法是十分重要的组成部分，它能够将问题分析的工具、框架和视角提供给科学领域的分析，同时在应用的过程中也担任逻辑起点的角色。对于职业教育的研究而言，整合式预测性和解释性是应用最广的方法与理论，即对于

职业教育而言，如果职业教育是人体，那么整合就担任着人体中的脑和神经系统的角色，拥有最重要的统领功能和中枢效用。

（二）整合是职业教育研究全能的、通行的方法体系

首先，整合的方法性质不仅是实践的具体方法，也是一种研究方法论，这一方法论存在于宏观哲学层面。整合方法作为一项方法体系是通行的，全能的。例如，整合的行为在微观教学层面是时时刻刻都在发生的，只不过这种行为的发生是一种经验形态的整合，比较隐性。

其次，整合的方法是综合的、联系的和辩证的，这是其方法的主要特点。范式作为方法论应具备的内涵，其哲学品质体现于这些特点之中。联系性体现在整合范式的基础之上，对于整合而言，联系是基本环节和必要条件，是整合的前提。综合性存在于整合范式的手段层面。综合是一种整体性的眼光，将眼光放在事物的整体上，从整体上对事物的规律和本质进行把握。对于整合范式而言，综合是实现手段和精髓。辩证性存在于整合范式的思维方式层面。辩证思维方法体现在方方面面，其中包括从一般到特殊的演绎整合、归纳和经验整合等。

最后，整合方法具备非常强的适用性，能够与职业教育的需求相吻合，迎合职业教育的性质和特点。有研究者认为，缺乏独特的研究范式，是中国职业教育学科发展过程中的巨大障碍。如果我们在思考职业教育的问题时应用整合范式的眼光就会发现，我们能从整合中找到所有与职业教育理论和实践相关话题的答案和解释，包括职业教育的形态、关系、结构、环境、属性、政策、管理、课程与教学等，核心范式能够拓宽职业教育研究的视野。

（三）整合是一种研究的理论框架

在安置的过程中，整合需要框架来进行联系和假设。职业教育研究在一定时间内并没有寻找到自身的理论立足点和思想根基，总是对其他学科的相关理论进行借鉴和移植，拥有自身特点和逻辑的理论体系很难被建立起来，思想在各种理论之间游行，理论和逻辑过于分散容易产生错位。因此，人们都认为职业教育并不适合应用职业教育的范式。整合的框架作为一个理论架构，具备较强的承载力和包容性，几乎能对职业教育的所有现象加以解释，换言之，整合是所有职业教育现象的归属点。

高等职业教育在职业教育的本质属性层面上与中等职业教育有差别，属于高等的层次。职业的类别属性代表了其整体的统一性整合的关系，还包括了职业教育与企业和政府之间的外部关系，这一点在"工学结合、校企合作"办学模式中体现得更为突出。整合式是职业教育大多专业的形式，职业教育专业不仅直接地融合于职业，还有跨界的交叉整合，如电子商务、机电一体化专业等。

综上所述，整合从理论和逻辑层面都必然成为职业教育研究的核心范式，这是被基本方法论、理论框架、共有信念和事实、时政等多元层面共同证明的，整合将会把新的思考机制带给职业教育的研究，使职业教育的发展获得理论方面的支持，将职业教育推向永续、创新和整合发展的道路。

第四节　整合，高等职业教育应有的思维方式

一、思维方式及其特性

人类的思维方式是在持续发展中的。历史的思维方式，孕育着现代思维方式，并最终凝结成了时代文化，在大量的实践下从传统思维方式中延伸出来。古代思维方式总体上有朴素整体性、直观猜测性和模糊综合性这三个特点；近代思维方式有机械性、分析性和静态性三个特点；现代思维方式有系统综合性、动态开放性和自觉创新性三个特点。

（一）系统综合性

古代的人们主要通过综合的方式来把握认识对象，但当时的综合方式存在一定的直观猜测。在近代，人们开始对世界的各个方面加以分类研究，开始收集各领域和学科的材料，综合不再主导人们的思维，人们的思维开始走向分析。综合到了现代，又开始统领思维方式。但现代的综合思维与古代不同，人们在把握事物的过程中，开始将观察的角度放在事物内部和事物之间的联系上，这使得人们

在认识复杂事物时能够更加深刻、更加全面，观察具有层次性、相关性、有序性和整体性等特点。思维方式统一了理想信念和知识体系、文化传统和个体经验、非理性与理性思维，综合了人的各种观念和精神要素，这便是综合性的主要表现。从整体上看，思维的特征是系统综合性。人的思维能使人在理解当下事物时能够整合个人的经验、认知前见和观念等，进而促成各种视域融合的形成。

（二）动态开放性

思维成果的产生来源于思考，因此思维都是动态的，思维产生于宇宙间的信息组合、交换与生成的过程中。在人的头脑中，思想是动态的，变化无常且飘忽不定的。不管什么时候，思维都要持续地干预外部世界的思考，就是人的根本职能。人的思维总是在对外界的思维材料不断地吸收，同时也在对自身内在的思想资源进行激活调动，使思维永远保持动态开放的状态，并能够与外部世界的信息产生持续交流，获得补给，为思维带来源源不断的鲜活血液，保持思维的开放性。变化、运动和发展也是思维对象和客体的属性，这也是思维动态开放性的来源，这就需要我们随时调节自己的思维方式，使之与外部的世界相适应，保持良好的效果。

（三）自觉创新性

现代社会的发展来源于持续的创新。创新思维就是要对新设计、理论、方法、观点和原理等进行开创的思维，因此，现代思维又存在创新批判精神和自觉的怀疑。对于人类发展和社会进步而言，创新是根本源泉。然而，思维方式的创新是创新的立足点，只有存在的思维上的创新，才能够带来真正的创新。创生理论来源于创新，已有的理论会在时间的打磨下失去原来的活性与张力，但我们一旦将创新基因注入我们的思维中，个人的理论品位和思维品质都会得到提升。

二、职业教育整合思维方式的逻辑论证

整合思维方式是一种加工整合思维的过程，这个过程的引导为思维目标，内在机制为整合。整合思维，能够对事物的各个层次、方面和结构进行全方位，多维度地把握和认识，同时对事物各要素之间的变化与联系进行良好把握，并将其

整合。整合思维方式与历史发展与客观实际的大趋势相符合，是一种现代创新思维，能够帮助我们在越来越复杂的社会实践中灵活应对。职业教育的思维方式在主导倾向方面是整合的、跨界的。换言之，对于职业教育而言，虽然其他思维方式也有用武之地，但最根本的思维方式就是这种整合思维。

（一）职业教育整合本质的规定

人们一般从培养目标层面界定职业教育的本质。以高等职业教育为例，2005年颁布的《国务院关于大力发展职业教育的决定》认为职业教育是培养"数以千万计的高技能专门人才"的教育；2011年教育部原副部长鲁昕首次提出培养"高端技能型人才"的教育的概念；2013年颁布的《国家教育事业发展第十二个五年规划》又将培养对象修订为"高等职业教育重点培养产业转型升级和企业技术创新需要的发展型、复合型、创新型的技术技能人才"。姜大源则从职业教育本身性质角度独辟蹊径，提出了"职业教育是跨界教育"[①]的观点，得到了普遍的认同。兰州大学教育学院马君博士在论及职业教育学性质时也指出："职业教育学是一门介于社会科学与人文科学之间，但更偏向于人文科学的跨界性学科。"[②]与姜大源提出的跨界教育观可以相互佐证。作者认为，跨界就是整合，而且整合比跨界更具有理论包容性和实践指导性。因为跨界是观念对事物的，重在揭示职业教育的性质，具有认识功能，但缺乏对行动路径的揭示和澄明，不能解决职业教育面对"怎么办"时的焦虑；而整合是观念对实践的，不仅能指导人们认识事物，而且具有变革实践的功能。所以，我们称职业教育就是整合教育。

（二）职业教育整合本质的多元确认

职业教育整合的本质还可以从诸多方面予以确认。从职业教育的"以服务为宗旨、以就业为导向"的办学方针看，它是办学职能和办学目标的整合；从"校企合作、工学结合"的人才培养模式看，它分别是办学模式和教学模式的整合；从现代职业教育体系的建构看，它是教育的层次、类别等的立交整合；从职业教育的"合作办学、合作育人、合作发展、合作就业"办学观念来看，其本身就是

---

① 姜大源.职业教育基础理论探究对教育学的贡献[J].教育家，2018（40）：57-59.
② 马君.中国职业教育学的反思与建构[D].天津：天津大学，2011.

整合的产物；从课程改革的形态看，它是工作与课程或项目、任务等与课程的整合；从职教集团办学模式看，它是不同办学主体、资源等的集约整合；从师资队伍的特点看，它要求进行"双师型"整合等。职业教育的一切方面和方面的一切，都是整合性的，概莫能外。它放，可以一生万；收，可以万归一。这个"一"就是整合。

职业教育整合的本质决定了职业教育的思维方式是整合性思维，决定了整合在职业教育思维体系中的主导地位。它要求我们必须以整合的思维来正确认识和把握职业教育的现状和规律，思考和解决职业教育的现象和问题。

第三章　高等职业教育的发展及对策

本章主要介绍了高等职业教育的发展及对策，共分为四节，分别是高等职业教育的发展概述、高等职业教育的发展对策、基于高等职业教育发展理念的策略建议、高等职业教育的其他发展策略。

第一节　高等职业教育的发展概述

目前，我国举办的高等职业教育的学校主要有五类：一是独立设置的职业技术学院和地方举办的职业大学；二是独立设置的高等专科学校；三是成人高等学校；四是本科学校举办的职业技术学院；五是本科学校举办的成人或继续教育学院。在国家对高职教育发展的一系列方针政策的指导下，我国高职教育事业出现了跨越式发展。目前我国高等教育发展现状是：法律地位、人才培养目标明确，以就业为导向的人才教育模式特征显现。近年来，伴随着高等教育事业规模的迅速扩大，学校布局日趋合理，高等职业教育改革不断深入，质量不断提高，一个基本适应我国现代化建设需要的高等职业教育体系初步形成。

一、教育规模不断扩大

近年来高等职业教育的规模不断扩大。随着社会经济的发展和劳动力市场的需求变化，越来越多的人选择接受高等职业教育来提升自己的就业竞争力和职业发展。

扩大高等职业教育规模的主要原因之一是劳动力市场对技能型人才的需求日

益增长，传统的学术教育不能完全满足市场对技能型人才的需求，而高等职业教育注重培养学生的实际操作能力和职业素养，更符合市场的实际需求。

此外，政府也积极推动高等职业教育的发展。为了促进就业和经济增长，政府出台了一系列政策和措施，提供资金支持、改革课程设置、加强教师培训等方面的支持，以推动高等职业教育的发展。

随着国家对高等职业教育的重视和支持，高等职业教育快速发展，无论是学校数量还是在校生规模，均已占据高等教育的半壁江山。高等职业教育不仅培养学生实际技能，为学生提供了广阔的职业发展空间，更促进了国家的人力资源优化和产业结构升级。

得益于高职（专科）持续扩招政策和对职业教育发展的支持鼓励，高职阶段在校生人数猛增。教育部公布，我国已建成全世界规模最大的职业教育体系，2021 年高职学校招生人数相当于十年前的 1.8 倍，中高职学校每年培养 1000 万左右的高素质技术技能人才，为经济社会发展提供技术技能人才支撑。①

随着高等职业教育规模的扩大，越来越多的年轻人选择高等职业教育作为自己的职业发展路径，同时，高等职业教育也为社会培养了更多的技能型人才，推动了经济和社会的发展。

二、专业设置日趋多样化

高职专业设置是指高等职业教育机构为适应社会经济发展和人才需求，根据国家职业教育发展规划和职业能力标准，制定的一系列教学计划和课程体系。高职专业设置的目的是培养适应社会需求的高素质技能人才，提高职业教育的质量和水平。

高职专业设置的特点是紧密结合社会需求，注重实践能力培养，强调职业素养和职业道德教育。高职专业设置的课程体系包括基础课程、专业课程和实践课

---

① 中华人民共和国教育部 . 教育部：去年高职学校招生 557 万人相当于十年前的 1.8 倍 [EB/OL].（2022−05−24）[2023−05−10].http://www.moe.gov.cn/fbh/live/2022/54487/ mtbd/202205/t20220525_630312.html.

程。基础课程主要是为了培养学生的基本素质和能力，包括语文、数学、英语、计算机等课程。专业课程是为了培养学生的专业知识和技能，包括专业核心课程和选修课程。实践课程是为了培养学生的实践能力和职业素养，包括实习、毕业设计、毕业论文等。

如今，高等职业教育的专业设置日趋多样化，涵盖了机械、电子、计算机、通信、建筑、交通、医疗、旅游、金融、管理等多个领域，满足了不同行业和企业对人才的需求，为社会提供了大量的高素质技能人才，为经济社会发展提供了有力的支撑。同时，高等职业院校多样化的专业设置也为广大学生提供了更多的选择和发展机会，帮助他们更好地适应社会的需求。

三、教育质量不断提高

随着高等职业教育规模的扩大，教育质量也在不断提高。

首先，高等职业教育机构不断加强教学管理和质量保障体系建设，致力于完善课程设置、优化教学方法，加强对师资队伍的培养和管理，以提高教师的教学水平和专业素养。同时，高等职业教育机构还建立了严格的质量监测与评估机制，定期进行教学质量评估和内外部审核，以确保教育质量的稳定和持续改进。

其次，高等职业教育注重与实际应用紧密结合，因此，高等职业院校积极与行业企业合作，开展实践教学和实习实训，使学生能够深入了解实际工作环境和需求，掌握实际操作技能，提高就业竞争力。这种与实际应用的紧密结合有利于提高学生的实际能力和职业素养。

最后，高等职业教育还注重学生的综合素质培养。除了专业知识和技能的培养外，他们也注重培养学生的创新能力、沟通能力、团队合作能力等软技能，提升学生的综合素养和适应社会发展的能力。

总体而言，高等职业教育不仅注重培养学生的专业技能，也注重培养学生的综合能力和实践能力，确保学生在毕业后能够胜任工作岗位。随着教育质量的提高，高等职业教育的地位和影响力也在不断增强。

四、产学研深度融合

高等职业教育的产学研深度融合是高等职业教育的质量提升的重要因素之一。

首先，高等职业教育积极推动与产业界的紧密合作。高等职业教育与各行各业的企事业单位建立了校企合作机制，开展实践教学、实习实训、技能竞赛等形式的合作，使学生能够接触真实的工作环境和实际项目，获得专业实践经验。与此同时，产业界的专业人士也参与了教学过程，为学生提供指导和实践培训，确保教育与行业需求紧密契合。

其次，高等职业教育加强与科研机构的合作。高等职业教育与科研机构建立合作关系，共同开展应用性科研项目，推动科学研究成果的转化和应用。这种产学研合作不仅促进了教育内容的更新和创新，也为学生提供了更多的机会参与科研活动，培养了学生的创新精神和科研能力。

最后，高等职业教育注重教师的实践经验和行业背景。高等职业院校招聘具有丰富实践经验的行业专业人士担任教师，将实际工作经验融入教学过程中。这样的教师身份使教学更加贴近实际需求，能够传授最新的行业知识和技能，提高学生的就业竞争力。

通过产学研的深度融合，高等职业教育能够及时了解产业发展的需求，调整教学内容和培养目标，提供与市场需求相匹配的人才。这种紧密的产学研合作不仅推动了教育质量的提升，也促进了产业的发展和创新。高等职业教育的产学研深度融合，实现了人才培养、科技创新和社会服务的有机结合。高等职业教育的实践教学、实习实训和毕业设计等环节，都与企业和行业紧密结合，实现了教学与实践的有机结合。

五、国际化水平不断提升

近年来，高等职业教育的国际化水平不断提升。

首先，高等职业教育机构积极开展国际合作与交流。它们与国外的高校、教育机构、行业企业建立合作关系，开展学生交流和留学项目。通过与国际伙伴的合作，学生可以接触到不同的文化环境和教育方式，拓宽视野并提升跨文化交流能力。

其次，高等职业教育注重引进国外优质教育资源。它们积极邀请国外专家、教授来校任教或举办讲座，引进国外优质课程和教学模式。这样的引进活动有助于提高教学水平和培养符合国际标准的人才。

再次，高等职业教育也鼓励和支持学生参与国际交流和实习。通过留学、交换项目以及国际实习机会，学生可以在国外获得实践经验，拓宽国际视野并增强国际竞争能力。这种国际化的学习和实践经历对学生的综合素质和职业发展都具有重要意义。

最后，高等职业教育机构也积极参与国际学术交流和合作项目。它们组织国际学术会议、研讨会，与国际同行进行学术交流与合作研究。这些活动促进了跨国研究合作，提升了教师的学术水平和科研能力。

通过以上努力，高等职业教育的国际化水平不断提升。这使得高等职业教育在国际教育舞台上获得更多的认可和影响力，吸引了更多国际学生和教师的关注。同时，高等职业教育也能更好地培养适应全球化社会需求的人才，为国家和地区的经济发展作出贡献。

第二节　高等职业教育的发展对策

一、高等职业教育的发展理念

上面我们对目前我国高等职业教育的现状，特别是就存在的问题进行了探讨。但是，要谋求高等职业教育未来的发展，对如何发展高等职业教育这一理念问题的探究更值得重视。虽然各个学校从各自的实际出发，形成了有各自特色的办学思想，但其中有成功的经验，但从总体上看没有形成统一的发展理念，这无疑对高等职业教育的发展是不利的，因此，重新审视现阶段高等职业教育发展理念更为重要。

（一）"理念"与"发展"的内涵

正确理解和把握"理念"这一概念的内涵与外延，有助于确立高等职业教

育的发展理念与方向，对指导高等职业教育的改革与发展具有重要的理论和实践意义。

1."理念"的含义

哲学意义上的"理念"被引入教育领域后，被学者们广泛使用，其中出现了几个容易混淆且常被滥用的概念，如办学理念、教育理念和大学理念等。这些概念所指的范畴不同，针对的对象也不同。其中，办学理念主要是指对创办什么样的学校和如何创办这样的学校的理性认识，是对发展过程中学校精神、目标、功能和使命等方面的基本概括；大学理念主要针对大学而言，是指人们在对教育规律的认识基础上所形成的关于大学的性质、职能、精神、使命、目的、功能与价值、大学与社会的关系等一系列大学基本问题的理性认识，其核心是要回答大学"是什么"和"做什么"；而教育理念泛指人们对教育实践及其教育观念的理性建构，是教育教学改革与发展的思想先导，包含对教育本质的理性认识、理想追求，以及在此基础上形成的教育思想观念和教育哲学观点，既涵盖了微观的治校理念，也涵盖了教育理想、教育目的等宏观的思想。

2."发展"的内涵

发展是当今世界的两大主题之一，也是人类社会的永恒主题。综合上述，所谓发展，一般是指质量的提高和规模的扩张。质量的提高和数量的增加是发展的两个基本维度。马克思主义正确的发展观应该是质量和数量、结构和功能、规模和效益的高度统一。把它运用到高职教育的发展上，就是在保证高职教育质量的前提下，追求数量的最大化。然而，万事万物的发展都离不开理念，科学的发展必须有科学的理念做先导，有了理念才能导向事物正确的发展方向、实现既定的发展目标。

（二）高等职业教育发展理念的内涵

实际上，高等职业教育就是担负着培养数以千万计的专门人才的重要任务。从我国经济发展形势看，各行各业都需要这一层次的人才，这为高等职业教育快速、健康、持续发展奠定了良好的基础。以我国的制造业为例，在当前经济全球化和加入世界贸易组织的背景下，我国面临着前所未有的发展机遇，我国正在由跨国公司的加工组装基地向制造业基地转变，极有可能成为世界制造业的中心。而要真正实现这样的愿望，除了需要政策环境和劳动力等方面的支撑外，更需要大批高素质的专门人才，特别是大批具有较高素质的技能型、应用型人才。在这方面，高等职业教育负有义不容辞的责任，必须加快发展。

发展高等职业教育也是受教育者个性发展的需要，是根据学生的不同的条件、兴趣和个性特点进行因材施教的一种。每个人的资质禀赋不一样，一些人长于理论思维和逻辑推理，而实践能力却不强；另一些人相对来说，学习理论知识比较一般，但动手能力却比较强。为条件不同的学生提供不同类型的高等教育，有利于其释放潜能，使之各得其所，各展所长。德国教育的特色之一，就是根据学生的自身条件，较早实行普通教育和职业教育的分流，并获成功。我国在发展高职教育的过程中，要进一步解放思想，突破单一的人才培养模式，要不拘一格办教育、不拘一格育人才，避免教育资源与人力资源的双重浪费。

历史证明，没有先进的理念就没有先进的大学和大学教育。而先进的教育理念在于顺应社会的发展规律，体现社会发展要求的共性，又在历史传承中与时俱进，展现个性，正确定位。从经济社会发展对技术应用型人才的迫切需求，从教育自身对职业教育高层次的迫切要求，从广大高中生、职高生接受高等职业教育的普遍需要，从分散就业压力的需要及维护社会稳定的需要，我们看到了发展我国高等职业教育的必要性和迫切性。因此，高等职业教育要发展必须要有理念作为支撑、作为向导、作为精神。那么，我们有必要厘清高等职业教育发展理念的内涵。

根据上述的"理念"与"发展"的内涵，我们可以定义出，"发展理念"是从发展的视角下对事物或现象的理性认识、理想追求及其所形成的观念体系。作为高等职业教育的"发展理念"必须是对高等职业教育的理性认识、理想追求所持的办学思想，这种理念对学校的办学目标和发展方向有着强化说明的作用。当全体教职员工坚定地信奉这种价值观时，就会凝心聚力，形成组织的共识，分享组织的共同价值观，形成一种对学校未来充满信心的文化力量和精神力量。树立正确的发展理念是学校管理和发展学校的基本前提和保证，必须具有以下四个显著的特征：第一，具有理想性，理想性是立足现实，并以现实的蓝本为基础，最终超越现实的；第二，具有系统性，系统性是从整体宏观的角度对高等职业教育本质的阐释；第三，具有历史延续性，自身发展有其内在的规律，在整个高职教育发展的历史中，将会始终遵循这种规律；第四，具有时代性，即随着时代的发展变化而与时俱进、不断充实完善。但是，"发展理念"不是一成不变的，随着社会不断进步也在日益更新。伴随着我国经济科技等不断飞速发展，出现了新的局面：科技发展信息化、经济发展全球化、社会发展国际化、教育发展终身化，这必将进一步引发理念的更新。

（三）高等职业教育发展理念的定位

高等职业教育作为我国高等教育体系的重要组成部分，已经取得了历史性的发展和跨越式的突破。作为一项朝阳事业，高等职业教育的强劲生命力源于它的理念。探究高等职业教育发展的理念，有助于揭示其本质属性和教育功能，进而找到相适应的发展对策。

发展高等职业教育，是一个国家和地区实现由不发达到发达、由贫穷到富裕的工业现代化的必由之路。高等职业教育在各类教育中与经济、企业的关系最为直接，是科学技术转化为生产力最有效的桥梁。它有利于克服学用脱节、人才培养与社会需要及经济发展脱节的弊病，有利于全面适应社会主义市场经济体制。发展高等职业教育既是我国经济、科技、社会发展的需要，也是高等教育改革发展的需要。

对高等职业教育发展理念的定位，离不开对高等职业教育性质的分析。从高等职业教育的特性上来看，"高"和"职"是高等职业教育的本质特征。"高"，即高等职业教育要有别于初等教育、中等教育，它属于高等教育的范畴，与初级、中级职业教育共同组成了职业教育的完整体系，并且是这一体系的高级阶段，这就决定了它必须以一定的现代科学技术、文化和管理知识及其学科为基础，着重进行高智力含量的职业技术教育，这就要求毕业生能够掌握熟练的、高智力含量的应用技术和职业技能并，具有一定的对未来职业技术变化的适应性，这是它区别于中等职业技术教育的重要特征；"职"，即高等职业教育又要有别于其他的普通高等教育而属于职业教育的范畴，这一点决定了它主要强调应用技术和职业技能的实用性和针对性，知识及其学科基础注重综合性，围绕生产、建设、管理和服务第一线职业岗位或岗位群的实际需要，以必需、够用为度，这是它区别于普通高等教育的重要特征。高等职业教育的这两个本质特征其实是对高等职业教育发展理念的一个明确定位，既与普通高等教育作了区分，也将其与中等职业教育的差别体现出来。

从高等职业教育的特点来看，在人才培养的目标方面，高等职业教育主要培养高中后2年至3年学校教育的，适应生产、建设管理服务一线需要的技术应用型专门人才。与普通教育着眼于国民素质的提高不同，高等职业教育着眼于受教育者毕业后迅速适应工作岗位的需要，明确以职业岗位的需要为基础，对接受过中等职业教育、普通中等教育的青少年以及在职员工或下岗员工进行职业道德和职业能力的培养。

在专业设置方面，高等职业教育不同于普通高等教育按学科划分专业、以学科理论体系为框架的组织教学，更注重理论知识的系统化、完整性。高等职业教育是按照社会职业岗位（或岗位群）来设置专业的，课程结构有明显的职业性特征，课程内容常常是跨学科的，是针对职业岗位的需要确定的，具有针对性、实用性的特点。高等职业教育是在高等教育、职业教育的良好结合点上发展起来的。

在教学内容方面，高等职业教育主要是成熟的技术和管理规范，突出职业能力培养，基础课按专业学习要求，以必须够用为度，实行理论教学计划与实践训练计划并重，互相配合，共同为培养学生的岗位能力服务。高职教育理论教学当然离不开有关学科知识，但它的内容可能涉及几个学科，不是着眼于某一学科领域知识的系统、完整，而是按照培养岗位能力的需要，有针对性地选学有关学科的知识，强调所学知识的针对性、实用性。高等职业教育的实践训练也不同于普通高等教育的实践、实习，不是为了验证理论，而是把所学的理论知识应用于实际，掌握处理问题、解决问题的能力。

在培养标准方面，学生在校期间完成上岗实践训练，毕业就能上岗，无适应期；在办学模式上，高等职业教育更强调和重视采取联合办学、校企合作等新的办学模式。高等职业教育的毕业生实行"双证书"制度，高等职业教育的毕业生在毕业时取得代表其学识的学历证书的同时，还应该取得代表其职业能力和技术水平的职业资格证书或技术等级证书。

高等职业院校在我国近几年将处在一个生存与发展的关键时期。在这时期里，国家明确了积极发展高等职业教育的指导思想，制定了方针、政策，为高等职业教育的进一步发展创造了条件。高等职业院校若不能重新审视自我，正视自己的不足，就必然会沦为一潭死水，最终被淘汰出局。

（四）高等职业教育发展理念的解读

根据高等职业教育的特征分析，针对高等职业教育目前发展中存在的问题，我们要在科学地定位其发展理念的基础上，认真解读我国高等职业教育的发展理念。针对高等职业教育以上的属性，在科学定位经济法发展理念的基础上，仍需对这种发展理念进行分层解读，以期对其有更加准确的理解。

1. 以市场竞争为发展动力

市场竞争是高等职业教育发展的直接外部动因。市场是组织调节教育，改革各方面问题的最有效手段。如今，市场的力量几乎渗透到高等职业教育系统的每一个环节，从招生、教学活动安排、科研项目争取、教师聘请与晋升、教育经费筹措到毕业生求职等，无不体现出激烈的竞争意识。全国职业教育工作会议提出了"四个服务"的要求，即职业教育要"为经济结构调整和技术进步服务，为促进就业和再就业服务，为农业、农村和农民服务，为推进西部大开发服务"。这既是市场经济对职业教育的现实要求，也是职业教育在激烈的市场竞争中求生存、争发展的需要。能否随市场的变化而变化，随经济的发展而发展，是决定职业教育能否生存下去的关键。

高等职业教育只有树立效益观念，积极吸纳各方面教育资源，才能形成多元化教育体制，满足人们与日俱增的职业教育需求。目前，高等职业教育是高等职业学院、高等专科学校、成人高等院校、中等职业技工学校升格的高等职业院校、普通本科高校的二级学院的力量综合。

在市场经济体制下，高等职业学校对市场信息的反应要非常敏锐，只有毕业生质量高，在劳动力市场才有竞争力，相应的才能给高等职业学校带来良好的声誉，才能够吸引更多的生源和投资。教育质量的高低也可以成为一种市场信息，影响高等职业院校的运作。高等职业教育必须树立市场观念，提高教育质量，在竞争中求得生存，在竞争中求得发展。高等职业教育只有将市场竞争作为推动自己发展的原动力，才能激励自己在竞争中不断地总结经验，不断地完善自我，以获得长远的发展。

2. 以社会需求为发展导向

职业性是高等职业教育的本质属性之一，这一职业性要求高等职业教育在发展过程中要紧密结合社会职业岗位群的现实需求，不断追踪和适应未来职业内涵或外延的变化趋势，树立新的职业观和能力观。面向社会需求和针对市场需要是激活高等职业教育活力的根本所在，学校更把社会需求看成是自身发展的源泉和空间。社会需求作为职业教育发展的导向，要求高等职业院校在人才培养目标、层次等方面要适应市场需求。人们的需求价值取向是多样的，任何统一、强制性的制度已经不能满足高等职业教育发展的需要。因此，高等职业教育应根据社会对人才类型的需求，调整专业与课程设置，培养适销对路的人才。专业设置的调整要紧紧抓住市场脉搏，在充分了解经济发展趋势的基础上，对未来劳动力市场的需求及职业教育的发展方向作出科学预测，采取积极、主动的办学应变措施，创造条件，开设新专业。另外，必须建立灵活的反应机制，增强专业设置的灵活性，及时调整专业方向，使高等职业教育的层次结构、类型结构和人才培养模式与社会人力资源的需求结构相适应，不断增强专业的吸引力和生命力，让学生招得进、留得住、推得出。由此可见，高等职业院校的生存与发展离不开市场的导向作用，这种导向作用将有效地发挥高等教育的作用，促进教育资源的有效配置和合理利用。

当前，现代化建设对高等职业教育发展提出了较高的要求，这是高等职业教育面临的最大机遇。首先，我国工业化进入了新阶段，走新型工业化之路为高等职业教育提供了巨大的发展空间。目前，我国坚持走以信息化带动工业化，以工业化促进信息化的新型工业化之路，我国经济步入了新一轮的快速增长周期，从而形成了对技能型人才，尤其是高技能人才的需求高速增长的态势。其次，世界制造业加速向我国转移，"中国制造"需要高素质的人才，国家统计局原副局长邱晓华指出：在一个相当长的时期里，中国经济还得靠制造业牵引。制造业增加值在国内生产总值中所占的比重一直维持在 40% 以上；中国财政收入的一半来自制造业。[①] 相关研究报告表明：没有制造业的提高和发展，我国其他产业也不可能良性发展。2002 年以来，我国吸引外国直接投资连续几年超过 500 亿美元，在世界 500 强中，已经有 400 多家来华投资了 2000 多个项目，特别是我国加入世贸组织（WTO）以来，电子机械汽车化工等先进制造业的国内外企业增长迅速，对劳动者素质的要求越来越高。[②] 这些都为高等职业教育的发展定位，为多规格人才需求提供了良好的契机。

坚持社会需求导向的原则，一是以满足社会和经济的需求为最高准则，二是以社会评价作为办学水平和成效的最终标准，三是以适应社会和经济需求作为学校自身发展的根本动力。摒弃以学科标准设置专业的原则，以社会需求为导向，以职业岗位或岗位群为依据来设置专业，只有使人才培养与社会需要和经济发展紧密相连，高职教育才能充满生机和活力。

3. 以能力本位为发展核心

高等职业教育与普通高等教育是两种不同类型的高等教育，其职业性的特点就决定了高等职业教育是以能力培养为中心的教学模式。坚持以能力培养为中心进行教学改革，强调理论以必需、够用为度，以应用为目的，必须突破以学科本位的逻辑体系来设置课程的方式，而代之以能力本位，即按照岗位或岗位群所需要的能力要素来设置课程，在课程中不再强调专业理论知识的系统性、完整性，对课程的总体划分不再是普通高校的基础课、专业基础课和专业课这一模式，而是公共课、专业理论课和专业技能课三部分，并使专业理论课和专业技能课的课时之比达到 1 : 1。要努力破除"本科压缩型"的办学模式，摆脱学科型人才的培养传统，建立高职教育的培养模式。

传统职业教育的内容主要是岗位技能，往往采取反复训练的方式，使受训者

---

① 蒋建业. 名牌战略与经济发展 [M]. 广州：暨南大学出版社，2003.
② 李承先. 高等职业教育新论 [M]. 北京：中国书籍出版社，2018.

获得完成某种职业所需要的娴熟技能。现代工作性质的变革对传统职业教育的这种内容提出了严峻挑战：首先，现代工作的完成更多的是依赖从业人员的智能，而非体能；其次，生产的自动化，使得许多工作岗位合并，工作范围被拓宽，要求从业人员具备多方面的知识与能力；最后，现代生产还出现另一种发展趋势，即个性化生产，这种生产方式对劳动者的普通职业能力，特别是创造能力提出了更高的要求。为了应对挑战，世界各国纷纷改革其职业教育内容，由原来的岗位技能培训转向更注重综合职业能力培养，如德国高等职业教育所推崇的是一种培养学生自立学习、注重理论联系实际的教学法，即引导探究教学法，其目的在于通过各类教学活动培养和发展学生的学习能力，让学生"会学习"，提高学习活动的效率和质量。这种教学法特别有利于由于科技进步、高新技术层出不穷所引发的对职业人才的"思考与分析能力""自学能力""协同工作能力""创新能力"的培养。又如，美国、加拿大等国所采用的学生自我学习和评估教学等，在帮助学生如何学习、调动学生积极性、设置小型课、实施个性化教学等方面均很具特色。

能力本位论的核心是 CBE（Competence Based Education）理论，其宗旨是使受教育者在学校学习期间就具备某个职业所必需的实际工作能力，而且，把是否具备这种能力作为评价学生和教师，乃至学校办学质量的标准。CBE 理论强调以学生为中心，着重培养学生的自我学习能力和自我评价能力；强调教学的灵活多样性和管理的严格科学性，真正体现重能力培养。这里的"能力本位"，即高等职业教育培养的人才应以能力见长。这里的能力除了学生胜任本岗位的职业能力外，还包含着学生的"非职业能力"，即学生适应社会生活的能力。而且，非职业能力的培养愈显重要，如学生的意志品质、心理承受能力、应变能力、组织管理能力、表达能力、人际交往能力等。学校教育可通过丰富多彩的活动作载体，提高学生的非职业能力，如通过实施学生自我管理、自我教育，推行学生助理班主任、值周班长等制度，加强学生的组织管理能力；实行"普通话、书法、写作、演讲、交谊舞"五项综合能力考核，颁发合格证书，并开展公共关系学系列讲座，组织学生参加社会实践、勤工俭学和打工等活动，提高学生的表达能力、交际能力；开展形势教育、心理咨询，并通过奖学金评定、毕业生就业推荐等工作，激发学生的竞争意识，锻炼学生的心理承受和调适能力等。

高等职业教育以能力本位为发展的核心，一方面能够为社会培养出更多动手能力较强的实用人才，另一方面，可以让每个学生根据自己的爱好、兴趣和需要选择不同的专业，实现个性化教育。因此，要树立整合的能力观，培养学生不仅应具有适应现在工作的职业能力，还要有适应为自我学习和发展打下必要的基础，甚至是创造就业岗位的能力。

4. 以服务区域为发展宗旨

以服务区域为宗旨，是指高等职业教育要充分发挥兼具经济属性和教育属性的双重功能，主动适应社会经济发展和现代化建设的需要，面向经济建设主战场，面向生产服务第一线，面向社会大众，坚持以服务求支持，以贡献求发展，努力担负起促进经济发展和促进就业服务的两大任务。一般说来，高等职业教育机构大多以区域为中心，为区域经济发展服务作为价值取向，根植于区域社会发展规划和经济建设的现实中，并与其所服务地区的经济兴衰相关。哈佛大学前校长德里克·博克在他的《超越象牙塔》一书中，曾告诫美国的高等院校，必须改变"以自我为中心"的发展模式，提倡"以地方为中心"，这种思想应该是高等职业教育发展所追求的重要理念之一。例如，加拿大的高等职业学院的最大的特点就是把自身融于社区经济发展，成为社区的一个不可分割的重要部分。学校与社区内的企业结成了密不可分的伙伴关系，学院以为社区培养人才为己任，社区各企业也以参与办学为荣。

目前，在我国，随着经济的发展，高等教育的区域化已成为一种大趋势。因此，高等职业教育在高教区域化发展中，不仅要为区域经济结构和产业结构调整、为小城镇的基础设施建设培养大批实用型技术人才和专门人才，更要发挥城市化进程中区域人文素质的教育功能，有效地为当地社会服务。此举不但有利于当地经济的发展，也有利于高等职业院校的发展。只有有效地为当地社会经济服务，才能提高高等职业学校在社会上的地位和声誉，使本校受到当地的欢迎，从而得到当地各方面更大的支持。而且，通过有效地为社会服务，高等职业院校可以使师生更多地了解社会，增强师生的社会责任感，培养学生的实践能力，促进产学研的有机结合。

要达到卓有成效地为当地社会经济服务的目标，这就要求高等职业院校应尽可能地采取各种方式与当地社会保持密切的联系，积极发挥所长，主动帮助解决当地社会（如政府机构、工厂、企业、学校等）在发展中遇到的各种理论和实际问题。与此相适应，学校的办学目标、专业和课程设置等都必须紧扣当地社会经济发展的需要。在高等职业教育管理体制上，省（市）必须把高等职业教育的发展纳入当地经济和社会发展规划。为此，要进一步扩大省级政府的统筹决策权（包括专科层次高校的设置权），特别是对高等职业教育试点省，国家应下放更多权力，使各试点省能够真正从当地实际出发，对经济、科技、教育实行统筹，优化教育资源配置，使高等职业教育更有成效地为当地经济建设和社会发展服务。

5. 以内涵式增长为发展方式

所谓内涵式增长，是指通过挖掘现有高等职业学校的潜力，提高现有高等职业学校的内部效率，扩大现有高校的招生数量来实现高等教育总体规模的扩大。而相对于内涵式增长的外延式增长，则是指通过增设新学校来扩大高等教育的总体规模，它主要有两个重要的来源：一是靠要素投入的增加，二是靠资源利用效率的提高。由于两种不同的发展方式不仅会影响高等教育体系的内部结构，而且会影响高等教育的成本行为和高等教育经费的使用效率，进而会对高等教育的社会经济效益产生深刻的影响。根据高等教育实践证明，高等职业教育如果仅想通过外延式的数量型扩张来发展自我，那么在数量达到一定阶段，就会出现质量下降、效率低下、适应性不强等问题，而质量是高等职业教育发展的核心，质量的高低是衡量高等职业教育发展的重要标准。基本没有的质量要求、盲目的规模扩张都必将以牺牲质量为代价，必将削弱市场竞争力。在当前高等职业教育办学规模日益扩大的情况下，质量已成为高等职业教育生存和发展的核心问题。可见，外延式增长过程存在的许多问题，需要通过改革、走内涵式增长的道路才能有效解决。因此，只有将高等职业教育的增长方式从外延式转向以促进内涵式增长为主的方式，才会真正实现高等职业教育跨越式的发展。规模发展是高等职业教育发展的重要前提，没有规模就没有效益，没有规模就谈不上发展。

由此可见，高等职业教育增长方式的选择不仅仅是一个战略性的问题，而且还是高等职业教育发展的一个重要理念之一。对外延式和内涵式增长方式的不同选择，不仅会影响高等职业教育的成本行为和经费的使用效率，而且还会对高等职业教育的社会经济效益产生影响。尤其是在高等教育资源相对紧缺的发展中国家，更应注重发展方式的选择。在目前的条件下，我国的高等职业教育应走以内涵发展为主的发展道路，因为内涵式增长的实质在于挖掘潜力、提高效益，它既可以节约高等职业教育投资，又可改善现有的办学条件，提高教育质量。因此，高等职业教育在今后相当长的一段时期内，应该采取以内涵式为主的发展道路。

当前高职教育内涵发展的重点要深化教学领域的一系列改革，改变本科压缩式的人才培养模式和以学科为本位的"老三段"的教学体系，以培养一线人才的岗位能力为中心，建立起新的教学体系和人才培养模式，这涉及教育思想的转变、专业设置、培养目标的调整，以及课程结构、教学内容、培养途径和方法等多方面的改革。这不是通常意义上的教学改革，而是教育"转型"的改革，即从普通教育类型转变为高等职业教育类型的改革绝不是在原有教学体系上增减或修补所能奏效的。有关部门要采取切实措施，推动此项改革，不能停留在一般号召上。

6. 以特色取胜为发展策略

高等职业教育作为高等教育的一种类型，既有高等教育的共性，更有自己的个性，即特色，这样才会有生命力。特色是精华、是质量、是活力，也是竞争力，是高等职业教育的立足之本，在高等职业院校的发展中占有重要地位。鲜明的特色是提高质量的保证，高质量人才的培养的本质体现在特色上，没有特色的质量不可能是高质量，特色就是质量，也就是水平。有的高等职业院校真正以高职教育为方向、办出特色的专业，毕业生就供不应求。实践告诉人们，个性与特色是知己知彼、知历史知未来、知政策知环境、知所长知所短、知资源知信息、知竞争知合作、知有所为有所不为、知借力知放弃的结果。这样在进行自己的优势和劣势分析时，就能注意到扬长避短了。

高等职业教育的发展应以"特色"取胜，但不能将"应用性"简单地理解为高职教育特色。高等职业教育是我国高等教育的一种类型，培养应用型人才是这一类型教育的本质规定。"应用性"并不能概括高职教育特色的全部，从哲学意义理解，"特色"是本质的外在表现形式，因而，在"应用性"的本质规定下，高等职业院校应追求各自的办学特点，"百花齐放"才能真正体现高等职业教育的特色。

特色可以体现在不同的层面上。例如，在学校治学方略上，具有科学、独特的办学理念、创新的办学思路；在学校教育上，形成了创新的教育模式，以及与众不同的专业特色、人才特色；在学校教学上，构建了独具特色的人才培养教学体系及其课程内容和教学方法等；体现在教学管理上，建立了创新的管理制度和机制，确保了人才培养的高质量。总之，它归结为学校独有的优质育人环境，具有广泛的影响力，在实现学校的人才培养目标、提高质量方面具有独到作用。

高等职业学校可以依托自身所处的区域社会的经济、文化的优势，将本校的人才培养目标、规格和质量与当地经济和社会的发展需求相结合，充分发挥本地区的有利条件，办出有区域特色的高等职业教育。目前，我国的高等职业教育学校应根据各自不同情况办出不同的特色。一所学校要有自己独特的亮点，以自己的亮点、优势打造品牌提升自己的实力，形成核心竞争力。只有最大化地发挥自己的优势及长处，敢于放弃自己的短处或劣势，并敢于在自己的区位上，或某个专业、某项业务领域争创一流、争创唯一，才有可能造就自己的个性和特色。

7. 以以人为本为发展原则

教育作为一种有目的地培养人的活动，本来就应该是一种人的教育。今天，迫于国际经济竞争的需要和技术人才培养的迫切需求，职业技术教育在全球范围内受到广泛重视，在西方被一些人喻为"使社会走向博雅的杠杆"，但是，在现实生活中，职业教育的适应性、针对性和实用性特征，使得职业教育的经济性和工具性的功能异乎寻常地显现出来，在教育目的上片面强调职业教育为社会需求服务的功能，忽视学生个体的性格、兴趣爱好和职业倾向，忽视对于学生的职业道德的培养，忽视对于学生如何做人的教育等。职业教育越来越成为一种机器，而非育人的教育；越来越远离教育培养人的根本目的，而从事着实际在培养"人力"的职业培训。近年来，职业教育在教育目标上的功利化倾向受到了较多的批评，人们从历史的角度审视职业教育发展缺失的同时，提出了职业教育应"以人为本"的发展理念。

哈佛大学校长陆登庭在北大演讲时曾说：大学帮助学生寻找实用和令人满意的职业是必须的，然而，更重要的是，大学的杰出性应该表现在善于塑造健全、完善的人。[①]高等职业教育应该也不例外，教育终究不能偏离促进人的全面发展的终极目标，终究需要以人为本，努力促进个体个性的发展。高等职业教育的以人为本的发展理念的关键就是尊重人，尊重学生个性的发展，注重学生的主动性和创造性。学习能够使学生的身心得到自由的发展，使学生形成良好的职业道德、热爱劳动的审美情操和专注工作的创新能力，培养良好的团队合作精神和良好的社会交流能力，使学生能在与人和谐相处的工作中最大限度地实现自我价值和社会价值。确立以人为本的高等职业教育理念，可使学生获得个性发展，也可使博得社会认同。确立以人为本的高等职业教育理念，培养高素质的新时代人力资源，是新时期科技进步、企业发展的经济需要，也是人类社会协调发展的需要。

第三节 基于高等职业教育发展理念的策略建议

一、全面推进素质教育，突出"两课"教学的重要性

在高等职业教育中，应当突出强调培养学生的职业道德、职业能力和创造力。高等职业院校应加强对马克思主义理论课和思想品德课的建设，引导学生养成良好的道德素养、树立遵纪守法的意识和文明行为习惯。同时，高等职业院校应引导学生形成科学的世界观、人生观和价值观，培养学生的爱国主义、集体主义和社会主义思想。并且，高等职业教育必须将学生的政治教育置于素质教育的首要地位，要切实加强和改进学校的德育工作，注重促进学生身心的和谐发展，实现

---

① 邱永渠.现代教育管理改革探索[M].厦门：厦门大学出版社，2008.

学生全面的个人成长。在教学内容方面，高等职业院校要突出强调学生的生存意识、市场观念和市场意识。此外，高等职业院校要树立学生的竞争意识、平等意识、参与意识、民主意识和法律意识；通过课程的学习，使学生自觉地将个人发展与社会、国家的融合相结合，从而使学生个人的理想抱负与国家的前途和命运紧密相连。

二、进一步明确培养目标及发展模式

20 世纪 40 年代，美国开始培养中级技术型人才；在 20 世纪 70 年代中叶前，这类人才的年增长率普遍超过 10%，发展势头迅猛。然而，此后，其增长率逐年减缓，在 20 世纪 90 年代时更是跌至不到 1%。类似的情况也出现在法国。从 1982 年到 2000 年，法国所培养的中级技术型人才的年增长率平均略高于 1%。[①]

与此同时，高级技术型人才的培养在 20 世纪 60 年代初启动，主要是为了适应高新技术发展的需求。美国和法国这两国目前对高级技术型人才的需求增长率约为 10%，紧跟着高新技术的步伐。[②] 而我国产业结构的调整导致科学技术在未来产业发展中的作用日益重要，经济的进步紧密依赖于高技术领域的推动，因此，培养高级技术型人才已势不可挡。而且，随着西部大开发战略的实施，劳动密集型产业正从沿海地区向中西部地区转移，沿海经济发达地区将逐渐成为知识密集型产业的主导地，这使得高等职业技术教育必须根据现实情况来调整培养目标。当然，另一方面，也不能忽视中西部地区以及农村等不发达地区的情况，这些地区对中级技术型人才的需求在一段时间内可能仍然较为显著。

三、以能力本位实现课程体系和教学内容改革

教育课程的改革需要强调以能力为核心，注重实际职场需求，合理安排理论与实践教学内容。在课程设计上，应摒弃传统的学科分类和逻辑结构，而是以能力要求为基础单元，充分考虑各个岗位的职业需求进行课程开发。理论教学应注

[①]　杨念. 高等职业技术教育特色论 [M]. 长沙：湖南师范大学出版社，2005.

[②]　刘金桂，史秋衡. 高等职业教育发展研究 [M]. 厦门：厦门大学出版社，2004.

重实际应用，课程设置应有针对性，在教学过程中应重点培养基础知识、基本技能和岗位所需的培训内容，以全面提升学生的职业能力水平。

四、必须实施创新教育

未来教育发展的首要使命是推动知识创新、人才创新和教育创新，其中，核心在于人才创新，必须培育具备创造力的人才。创新型教育在培养更符合社会需求、契合产业发展、顺应经济规律的创意型人才方面起着至关重要的作用，未来教育已成为国家和地区竞争力的关键手段。在推行创新教育时，教师扮演着关键角色，必须建立适应本校实际情况的教师队伍，这支队伍应当具备创新意识和创新思维，以探索教学内容、教学方法和教学手段的革新；同时，也要鼓励创新性的校园文化建设和相关活动，优化教育教学环境，培养学生的创新精神和实际操作能力。

五、必须加强高职的科研工作

高等职业教育的目标是满足生产第一线的需求，培养大量实用型、技能型和管理型人才。这种教育强调教学的实际效果，特别是对于生产第一线所需人才的培养，需要加强高等职业教育的科研工作。从高等职业教育的实际情况出发，科研工作应紧密结合学校自身情况，以教学为导向，与生产实践相结合，深入企业，着重解决生产第一线所遇到的技术性问题。这些课题的开发应注重技术的实用性，并强调技术的先进性，通过强化教学来推动科研的发展，同时通过科研来促进教学的提升，实现教学与科研的双重推进，确保两者都能取得硬实力的提升。

六、进一步明确高等职业教育的办学思路

高等职业教育的办学需要紧密结合市场需求，深入调研社会所需，有针对性地培养适应不同行业和地区需求的高素质、实用型人才。在改革的推动下，高等职业院校应树立自身特色，注入活力，努力突显自己的独特之处。对于条件成熟的职业院校而言，可以调整教育结构，朝着更高层次的培养目标迈进，如开设本

科课程，争取设立硕士和博士研究生项目。在培养目标方面，应充分考虑我国产业结构和区域经济发展的特点，以及城乡差异等实际情况，特别关注中小城市、城镇和乡村，积极面向中西部地区，满足不同行业的人才需求。

七、加强对高等职业教育的支持与领导

高等职业教育的兴起和发展，在经济和社会进步方面发挥了重要作用，所产生的积极效应非常明显。然而，目前高等职业教育面临多项挑战，需要政府在政策方面更加倾斜，教育行政部门提供更有力的指导，地方政府和行政机构提供更多经费支持。仅仅依靠学费很难维持正常运作，政府应该制定政策，增加投入，并充分发挥行业和企业在职业教育中的作用。学校还应该通过多种途径筹集资金。为鼓励发展民办教育，政府应该尽可能提供更多政策支持，对重点发展的民办教育，应该给予一定的财政补贴，调动相关力量，努力推动其健康发展。

第四节　高等职业教育的其他发展策略

高等职业技术教育前景无限，发展势头强劲，其趋势主要表现为以下几个方面：

一、提高教育层次

高等职业技术教育将突破现有专科教育的限制，建立起完整的教育体系，包括专科、本科和研究生层次。这一变革将从根本上改变高等职业教育被视为终点教育的印象，使其成为与普通教育和继续教育并驾齐驱的教育渠道。引入本科及以上教育层次后，高等职业技术教育将使学生不仅能够在加强技术和操作能力培养的基础上有所拓展，还能够向更高、更深的层次迈进。这将有助于为社会培养出更多高级别、高层次的应用型、技术型和工艺型人才，更好地适应并推动经济社会的发展。

二、沟通普通教育

为了充分发挥国家教育体系的综合效益和灵活性，展现人才成长的多样化和最优化，同时确保社会所有成员都能充分享有受教育的民主权利，目前存在的职教与普教两大体系相互孤立且隔离的状况将被打破，最终实现两个体系之间的紧密互通。

三、突出职教特色

突出职教特色不仅仅是普通高等教育生存和发展的必然选择，同样也是高等职业教育立足的基础。缺乏特色意味着高等职业技术教育的发展缺乏基础，难以站稳脚跟，更难以谈及未来的发展。因此，高等职业技术教育必须经过长期的办学实践，逐步塑造出独具特色的面貌，包括培养目标、人才规模、专业设置、课程设计、培养模式，以及师资队伍、教材建设、教学方法和技能训练等多个方面。

四、建立稳定基地

为确保学生的技能得到真正提升并达到实习培训的预期效果，高等职业技术教育机构将逐步建立多样化的企业实体，作为学生实习的基地。校内企业的不同分支将涵盖各个专业领域，这些分支的日常运营将由专业教师从指导性操作转向实际操作，并且将真实盈利作为主要目标。这也将作为每位专业教师进一步专业发展的一部分。由于教师熟悉自己的学生，学生在实习时将更易上手，教师也能更好地了解每位学生的实习表现，这将使教师能够适时调整和调整学生的实习岗位，以确保每位学生都能获得充分的专业实习机会。这种做法将使教师和学生都能获得理想的实习经验。无论企业取得成功还是遇到困境，对于他们来说，成功经验和失败原因都具有重要意义。

五、实行市场运作

高等职业技术院校必须以市场为导向，自主规划办学方向，人才培养的构架、规格、学制、专业等应由市场需求来决定。学校将紧密关注市场需求的动态变化，持续分析市场情况，迅速调整和设计有弹性的课程体系。此外，高等职业技术院校将充分发挥自身的优势，执行名牌战略，坚持同时推进学历教育与非学历教育，培养出具备品牌专业和技能的人才；通过不断提升学校在社会和企业中的声誉和支持水平，扩大市场份额，实行产业化和市场化的运营模式，以使高等职业技术教育范围更大、更强。

第四章 高等职业教育的专业设置与人才培养模式

本章主要阐述了高等职业教育的专业设置和人才培养模式，重点介绍了三个方面的内容，分别是高等职业教育的专业设置、高等职业教育的培养目标、高等职业教育的人才培养模式。

第一节 高等职业教育的专业设置

高等职业院校是按照专业来组织教学的。无论是从高等职业教育的总体管理角度，还是从体现其特色的角度来看，专业的设定都具有极其重要的意义。对于市场、对于不同类型的高职人才的需求，以及在不同地区、行业、经济和社会发展阶段所需的不同科类的高职人才，都会直接涉及专业的设定、调整和改革。对一所高等职业院校来说，专业设置涉及高等职业院校的特色、建设与投资方向等重大问题。同时，没有专业设置就没有高职专业的人才培养方案，高等职业教育的基础在于专业设置，这是展开高职教育的第一步。因此，深入研究专业设置，能够更好地使高等职业教育为社会经济发展提供有力支持，更好地适应社会需求，具有基础性的意义。

一、专业与专业设置

专业，是指高等职业院校按照社会职业分工、学科分类、科学技术及社会、经济发展的需要，而分成的学业门类。专业在学校中制定培养目标和人才培养方案、负责招生、教学和毕业生就业等任务。它为社会培养和提供各类专门人才提供了依据，也为学生选择学习方向和内容，从而在特定领域培养出自己的专长，为未来的职业做好准备。作为高等教育的重要组成部分，高等职业教育的专业设置遵循以下共同原则：一是适应现代化建设对人才的需求，二是紧跟科学技术发展的趋势，三是符合人才培养的规律。高等职业教育的专业设置必须更多地从自身特点上去探索。

首先，高等职业教育培养的人才直接针对社会职业岗位，高等职业教育培养的学生毕业时就要履行岗位职责，承担各项本职工作，完成各项工作任务，毕业生上岗后就能独立开展工作，基本不需要适应期。正因为如此，高等职业教育的专业设立是根据不同职业分工和岗位需求来规划的，侧重于培养与特定职业相关的能力，强调培养综合的职业素质。学生所学的理论知识可能涉及几个学科的内容，不求系统性、完整性，只求对本岗位的适用性。这与其他高等教育的专业设置形成了区别，其他高等教育的专业设置主要以学科为主，强调该学科理论的系统性、完整性和毕业生就业的广泛适应性。

其次，高等职业院校的专业设置面向技术含量高的岗位。近年来，社会经济形态因经济和科技的飞速进步而发生深刻变革。一是产业构造呈现明显变化，全球范围内呈现出明显特点：第三产业不断壮大，第一产业逐渐式微，同时第二产业发展较为缓慢。二是各产业领域内部的产业布局也正在发生演变，传统行业如冶炼、钢铁、采掘等规模逐渐萎缩，而新兴领域如电子、计算机、通信等正蓬勃发展。三是不同产业领域以及行业内部的技术格局正在发生变化，呈现出由以人工劳动为主向技术密集型转变的趋势。这些变革在三个层面上对现代职场结构产生深远影响，重新定义了职业岗位的面貌。而高等职业教育正需要设置一些面向技术含量高的岗位的专业，这也正说明了国家为什么越来越重视高等职业教育，高等职业教育为什么得到迅猛发展。

最后，高等职业教育的专业口径可宽可窄，宽窄并存。专业的设置要满足社会的需求，要处理好社会需求的多样性、多变性和学校教育的稳定性的关系。学校一般设置有长期稳定人才需要的专业，对社会需求变动较大的专业，就可以设置口径宽一些，在人才培养后期通过加设专业方向来解决。专业设置口径宽窄的依据主要在于毕业生就业面向的岗位，如果面向的职业岗位比较具体，则专业的口径宜窄，如涉外秘书、档案文书等专业；如果就业面向岗位群，则专业的口径宜宽些，如现代纺织技术专业。当然，如果是"订单式"培养或者是企业自己办的学校，则自然会针对当前企业生产技术的需要和发展需要而设置，专业面不宜过宽，专业内容则针对性强一些。

二、专业设置的原则

（一）适应需求原则

所谓顺应需求，是指高等职业教育中的专业设置应当与经济和社会的发展以及学习者的需求相一致，以确保所设专业立足于实际需求之上。这意味着专业的设立必须在考虑市场需求的基础上进行，根据当地产业政策的要求以及产业结构、技术格局的变化，开设能够促进经济发展和社会进步所需的专业领域；同时，还要充分考虑学习者的个人需求，满足他们的学习意愿和个性要求。

1.专业设置必须改以往的"供给驱动"模式为"需求驱动"模式

需求驱动是根本的驱动，是建立在对经济社会客观的分析与科学的预测的基础上进行的，因而具有不竭的动力。供给驱动"以我为中心"，主观设置，缺乏科学依据，强调"我能做什么，我能培养什么人"，而不考虑"要我做什么，需要我培养什么人"。专业设置如同企业生产一样，不能"我生产什么，社会就用什么"，而是应该"社会需要什么，我就生产什么"。这样高等职业教育才能更好地服务于社会。

2.专业设置还必须兼顾受教育者个人的需要

尽管专业设置是建立在社会需求的基础上的，但唯有将这些社会需求转化为个人的需求，才能真正形成对高等职业教育的切实需求。人们之所以学习，是为了获得更好的就业机会，而就业则成了个体谋求生存的重要途径，也是实现进一步发展的必要前提。所以，人们大多是有目的地选择专业和学校的。在市场经济条件下，人们追求物质利益的最大化乃是情理之中的事情，特别是在非义务教育阶段，家长和学生在选择某个学校某个专业时，自然会考虑自己的投入将会带来

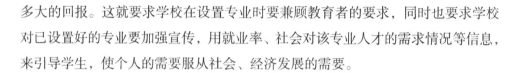

多大的回报。这就要求学校在设置专业时要兼顾教育者的要求，同时也要求学校对已设置好的专业要加强宣传，用就业率、社会对该专业人才的需求情况等信息，来引导学生，使个人的需要服从社会、经济发展的需要。

（二）条件可能原则

在强调必要性的同时，还需要充分考虑可行性，这包括专业所必备的条件。诸如师资力量、教学设施等内在条件是确立专业设置的基础，也是实施专业计划、达成培养目标的先决条件。若学校不顾这些条件，盲目地开设某一专业，将不仅难以确保培养目标的实现，也无法形成独特的办学特色；此外，还可能影响专业的可持续发展，产生不良的社会影响。

1.要有合格的专业师资队伍

要确保高水准的专业教育，就需要有一支优秀的专业教师队伍，这也是专业设置的重要因素。一个专业领域应当配置有经验丰富的专业领头人，同时还需要多名熟练的专业教师和实习指导导师。这不仅关乎数量，还涉及学科领域、师资结构和职称层次等多重要求。教师队伍的规模应与该专业的招生规模相适应。此外，高等职业教育的师资队伍有其特殊需求，教师不仅需要扎实的知识储备，还必须懂得如何将知识应用于实际，需要具备向学生传授知识的能力，更要能培养学生的实际操作技能，使学生能够运用所学知识和技能解决实际问题。因此，在设置专业课程时，需要确保"双师型"教师队伍的存在，以保证教学质量。当然，如果暂时无法满足这一要求，则也可以引入兼职教师，随着时间的推移逐步充实和完善专业教师队伍，逐步建立合理比例的专职和兼职教师团队，以满足专业教学的需要。

2.要有完善的教学基本条件

教育指南是确保教学质量和培养素质人才的主要方案。因此，专业课程需要详尽的教育指南，包括专业教学计划、实际操作教学计划、理论课程大纲、实践项目大纲和指导手册，同时也需要教材、讲义、学习资料等。

完备的实验和实训设施是开展专业教学的实际保障。在高等职业教育中，实际操作教学在人才培养方案中占据重要地位，因此，高等职业院校的专业实验和实训场所需要满足培养学生基本实践能力和操作技能、专业技术应用能力和专业技能、综合实验能力和综合技能的要求。

（三）科学规范原则

学校设置专业要先进行广泛的社会调查，仔细分析现在和今后一段时间人才需求的情况，分析比较这个专业在本地区同类高等职业院校中开设与发展的情况；还要分析开办该专业可能发生的成本，力求在一定的教育投入和运行成本的前提下，取得专业教育的最大效益、最高效率，同时还要注意以下两点：

1. 专业划分要科学

对于专业，应根据产品的结构、生产过程、工艺特点和职业岗位的需求来进行划分和设立。专业划分要宽窄适度，既要考虑职业的针对性，又要考虑就业的适应性。如果专业划分得过宽，边际模糊，内涵不清，则不仅会影响学生主要专业知识和专业技能的学习，而且还会影响学生毕业后被有针对性地录用；如果专业划分得过窄，只是针对某一职业或岗位，则不仅会影响学生相关的、通性的专业知识的学习，也不能保证学生的发展后劲。随着科学技术的进步及社会经济的不断发展，岗位与职业的变化会越来越快，如果知识面过窄，则不利于就业适应性，因此，专业的划分一定要科学。

2. 专业名称要规范

专业名称的规范是专业内容的外显，人们一看便能"顾名思义"，即一看就能基本了解专业的培养方向。专业名称还要有国内外的通用性、通识性。教育部制定了高等职业教育的专业目录，因此，高等职业院校设置专业时，可以参考这个专业目录。

三、专业设置的程序与方法

（一）专业设置的程序

1. 进行社会调查

高等职业教育要更好地为社会经济建设服务，首先体现在专业设置上。恰当的专业设置能够确保人力资源的有效开发，满足经济和社会发展的需求，推进产业、技术和产品结构的不断升级和改进，为国家的现代化进程和区域经济的增长注入新的动力。相反，如果专业设置不合理，缺乏科学依据，脱离经济发展需求，那么将导致人才培养失衡，威胁高等职业教育的活力。因此，为确保专业设置的科学合理性，有必要进行社会调查。

社会调查的目标在于深入了解经济社会状况、产业结构、技术进展和就业形势的现状和趋势，明确未来一段时间内本地的产业政策，准确定位主要产业、支柱产业和新兴产业。此外，还需要对人才资源进行调查，了解当地人才分布状况和需求情况，为人才预测提供依据。

2.组织专家论证

为了防止社会调查的片面性和认识上的局限性，在确定专业设置之前，必须进行专家论证。所谓论证，即为对拟设立的专业的必要性和可行性进行科学、合理的分析评估，内容涉及当前社会经济的发展、专业的分布、学校的师资准备、教学仪器设备场所的准备、教学文件的准备等各方面，通过邀请经济界、企业界、教育界的有关专家，通过反复深入的论证，力争形成一个科学、合理的意见。

3.进行专业设计

专业名称确定以后，学校应制定专业培养目标，一般应包含职业服务方向和社会职业角色两个方面。要规定修业年限，高等职业院校目前一般为3年居多。同时，要界定业务范围，根据学生毕业后所服务的职业岗位要求，提出应掌握的专业知识和技能，明确传授专业教学的核心要点，列举专业基础课、专业课以及实训课的具体课程标签。为了加强针对专业的精准度，对于涵盖领域较广的专业领域，可以设置多个专门领域或专业方向。

（二）专业设置、调整的方法

1.新专业的设置方法

设置新专业最容易也最常采用的方法是根据已有的专业基础，设置与学校原有专业相近的专业。这种方法能使新设的专业与已有的专业在课程结构、教学组织、师资配备和设备使用等方面有较大的重合度，能使教育资源得到充分利用，也能为逐步扩大办学规模，增强办学后劲，拓宽办学渠道奠定基础。

另一种设置方法是根据社会需求，为使学校能及时地适应经济社会发展，而设置一些与原学校专业性质相去甚远的专业，这种专业的设置虽能较好地满足经济建设的要求，符合家长和学生的愿望，能为学校发展创造新的机遇，但此种设置方法会使教育资源重复利用率降低，教育成本加大，教学管理也变得更加复杂。

2. 新专业的拓展方法

为了充分挖掘学校的办学潜力，提高办学效益，使已有的专业更好地适应经济、社会发展的需要，学校也往往采取以下方法对旧专业进行改造。一是采用"宽基础、活模块"的方法，在专业设置中分两阶段进行，先按大类划分，不分具体专业方向，学习公共文化科学知识、专业基础知识与技能，夯实专业基础，拓宽专业面，然后根据人才市场需求，再划分具体专业方向。其优点是有利于解决人才预测难度大，社会需求变化快与人才培养周期长的矛盾，既能对人才市场需求迅速作出反应，不断地派生、分化、拓宽、开发新专业，又能保持专业大类相对稳定，提高教育资源的利用率；同时，还可以为学生提供二次选择专业的机会，满足学生个性发展的要求。二是采用"老树发新枝"的方法，在成熟或具有优势的老专业的基础上延伸、拓展形成新的专业。延伸是在具有优势的老专业的基础上或是部分改变专业课的组成，形成新专业，如原有的机械专业可以向"机械制造与控制"，进而向"数控技术应用"方向延伸；也可以强化某些专业课，使专业指向更明确，如"电子技术"专业拓展为"通信技术"等专业。

第二节　高等职业教育的培养目标

针对社会的进步和时代的发展，教育需求也在不断演变，对各层次、各类人才的培养都需重视，不可偏废。因此，高等职业教育应紧密结合社会需求，明确其在高等教育体系中的角色，明确人才培养的目标和标准。培养目标在教育中具有显著地位，不仅是顺利开展教育教学的前提和基础，也是教育活动的最终追求。

一、高等职业教育的总体培养目标

在教育工作中，培养目标具有重要地位，它不仅是确保教育教学顺利开展的前提和基础，同时也是教育活动的最终归宿。培养目标是根据国家总体教育目标的指导，对各级、各类受教育者的发展方向、教学内容以及应达标准所提出的要求。这一概念具有系统性和层次性，我国各级、各类教育的培养目标构成了一个整体目标体系，而高等职业教育的培养目标则是其中的重要组成部分。

就培养目标的构成而言，它由培养方向和素质要求这两部分要素构成。培养方向决定了受教育者在社会中扮演的角色定位，而素质要求则涵盖了受教育者在科学文化、专业素质、思想品德和身心素质方面所应达到的水平和程度。

（一）高等职业教育培养目标的直接现实依据

职业教育的发展是随着社会的发展而发展的，大工业出现以前的职业教育是以"学徒制"为主要形式的教育，所培养的小生产者既是设计者，又是制造者。大工业出现以后，由于生产日益依赖于科学理论的指导，这就需要造就一批掌握科学理论并能把理论应用于生产实践的技术人才。于是，以"学徒制"为主要形式的职业教育开始演变为两种基本类型的教育：一种是培养产品设计、开发、研究和企业管理人才（现在的工程师类人才）的高等技术教育；另一种是培养直接从事产品生产制造的技术工人的职业教育。此后，随着生产技术的飞速发展，再次对工程技术人才的结构提出了新的要求。这些要求是：一方面，科学理论对生产技术的指导作用进一步广泛和深入，企业越来越需要专门从事理论研究的人才，培养工程师一类的教育偏重向理论方向发展；另一方面，随着产品结构、精度、质量等要求的提高，培养技术工人的教育也进一步向具体化、专门化发展。然而，科学理论并不能直接转化为工人的技术操作，不能直接变成生产和产品，必须有一种人才作为桥梁，才能完成这种转化，这类人才的培养通常由中等和高等职业教育来完成。

据专家观点，社会上的人才大致分为四类：学术型、工程型、技术型和技能型。学术型人才从事揭示和研究客观规律的工作；工程型人才则涉及为社会谋取直接利益的事业，包括设计、决策和规划等职责；而技术型人才和技能型人才负责在生产一线或工作现场努力，以实现社会直接利益。正是经由他们的付出，工程型人才的构想、决策和规划才得以具体转化为物质实体（产品、工程）或对社会产生实际影响。技术型人才与技能型人才的区别在于前者主要运用智力技巧来完成任务，而后者则主要依靠操作技能来履行工作。

我国需要大量培养从事科学研究、工程规划设计的人才，同时也要培育一批在生产一线从事施工、制造等技术应用工作的专业人才。如果没有这群精通工艺技术、生产组织和经营管理的人才，则即使拥有最杰出的研究成果和一流的产品设计，也难以制造出在国际上享有盛誉的顶尖产品。高等职业教育在此基础上应运而生，旨在培养适应生产、建设、管理和服务一线需求的高级技术应用型人才，以满足这一需求。

（二）高等职业教育培养目标的特点

我国的高等职业教育旨在遵循马克思列宁主义关于全面发展个体的理论，结合我国社会主义事业对建设者和接班人的要求，同时考虑学生的身心成长规律制定培养目标。具体而言，培养具备德、智、体、美全面素质的社会主义建设者和接班人是重中之重；满足我国教育宗旨，培养具备独立工作能力的专业技术人才和管理干部是关键；同时，考虑社会就业市场的需求，致力于培养社会主义市场紧缺、急需的各类人才。高等职业教育是我国高等教育体系的一部分，在培养目标方面与其他高等教育类型存在共通之处，如培养社会主义建设者，培养德、智、体、美全面发展的专业人才等。但是，除此以外，它也有着自己的特点，即直接针对社会职业岗位。高等职业教育要求培养的学生在毕业时就已是职业岗位的合格就业人员，他们要能顺利地履行岗位职责，承担各项本职工作，完成各项工作任务。高等职业教育强调人才使用的时效性，毕业生一上岗就能独立地开展工作，基本不需要适应期。《教育部关于以就业为导向深化高等职业教育改革的若干意见》中指出：高等职业院校要主动适应经济和社会发展需要，以就业为导向确定办学目标，找准学校在区域经济和行业发展中的位置，加大人才培养模式的改革力度，坚持培养面向生产、建设、管理、服务第一线需要的"下得去、留得住、用得上"，实践能力强、具有良好职业道德的高技能人才。

高等职业教育的培养目标具备以下几个重要方面要求：首先，学生应获得构建技术应用能力所需的基础理论和专业知识。其次，他们需要具备综合运用各种知识和技能解决实际现场问题的强大能力。再次，学生要培养出良好的职业道德，包括对工作的热情、勤奋创业、踏实肯干以及与他人协作的精神。同时，他们还应愿意投身于生产、建设、管理、服务等第一线岗位。最后，学生还需要具备稳健的心理素质和身体健康状况。

二、高等职业教育的专业培养目标

高等职业教育专业培养目标位于高等职业教育培养目标的次级层面。它在教育活动中扮演着核心角色，直接为教育者和学习者提供行动方向。这些目标不仅确定了预期的发展成果，还具备激励和调控的功能，同时，也为教育评估提供了价值标准。高等职业教育专业培养目标在整个教育体系中具有重要的桥梁作用。一方面，它必须体现国家关于教育目标、层次、科类的整体要求；另一方面，它直接引导着专业课程的教学计划和课程体系的构建。此外，专业培养目标为学生提供了明确的奋斗目标，引导他们朝着既定方向努力。综上所述，高等职业教育专业培养目标在专业体系建设中具有关键地位，因此，这些目标必须具体明确。

（一）高等职业教育专业培养目标的构成要素

高等职业教育专业培养目标应包括两个方面的内容：一是培养方向，这是由职业教育的性质和任务所决定的；二是目标的构成，这是确定培养目标是核心问题之一。教育作为有意识地培养个体的社会活动，不仅传授知识、培养能力，更关键的是塑造出优秀的综合素质。专业培养目标的实现，实质涵盖了学生知识获取、能力形成和素质养成的全过程。知识、能力、素质是专业培养目标的构成要素。

1. 知识结构

所谓知识是指人类在改造世界的实践中所获得的认识经验的总和。知识结构就是人类知识内化到个体头脑中所形成的类别、数量、质量及相互联系。合理的知识框架构建是培养综合素养的首要步骤，也是打造优秀综合素养的基础。高等职业教育专业的、合理的知识结构应满足现代社会对技术应用型人才的需要，体现出高职教育的特点。这个结构主要由科学文化知识和专业技术知识合理结合而成。

（1）科学文化知识

科学文化知识囊括内含丰富、多样的领域，所触及的学科种类众多，包括人文和社会科学的基础，以及自然科学的基本概念和方法论。其中，有的与专业有关，有的与专业无直接关系。它们是形成学生合理的知识结构和良好的科学文化素养必不可少的组成部分。

人文和社会科学基础知识囊括了哲学、政治学、经济学、法学、历史和文学艺术等领域的学问。这些知识构成了培养学生良好政治思想素养和人文素质的学术基础。尽管受限于时间和精力，不可能对各学科的知识一一掌握，但对它们的基本概念、原理和方法应有一定了解。这种了解既有助于陶冶情操，提升文化修养，也有助于推动受教育者在道德、智力和身体各个方面全面发展获取所需的精神资源。自然科学基础知识主要是指数学、物理、化学等基础学科在高等教育阶段的基本概念和基本事实。它对于学生深刻领会专业知识，掌握专业技能起着基础性的作用。

在自然科学和社会科学的进展历程中，一方面催生了各学科特定的实体性知识，另一方面也抽象出总结分析问题的方法论知识。这些方法论知识不仅有助于发展跨学科转移概念和技巧的能力，还促使人们以创新方式解决难题。随着科技的不断演进，知识更新速度愈发迅猛，人们急需一套高效的方法来查询、检索、储存和调用知识。掌握这些方法论知识也成为培养学生综合素质、推动学生全面发展的迫切要求。

（2）专业技术知识

一般认为，科学是回答是什么和为什么的知识，着重对自然界现象和事物的本质和规律加以描述；专业技术则是回答做什么和怎么做的知识，将科学知识应用于各种人类活动，解决实际问题，突出实用性和定向性。在处理专业技术知识时，人们需认真思考一对矛盾：针对性与适应性之间的矛盾。职业教育需专注特定职业领域，无法培养通才。高等教育必须与职业培训有所区分，要求学生不仅能胜任工作，还需具备适应能力。

当前，科技迅速发展，职业岗位及其内涵变化频繁，对高等职业人才的适应能力提出更高要求。高职毕业生不应仅适应狭窄领域，更应具备灵活就业能力，不能因岗位内涵变化而失去工作能力，同时，应建立专业可持续学习的基础。满足针对性和适应性的双重要求，是当前高职教育的关键挑战。专业技术知识应有合理的结构。专业技术知识大体可分为两个层次：一是一些相近专业的共同基础知识，二是一些与毕业生的具体工作直接有关并频繁应用的知识。当处理前者问题时，务必追求深入理解。对待后者则需强调精挑细选，确保学生能够领悟其中所藏的普适思想和方法，从而在不断变化的局势中稳定前行，以迎接不断变化的挑战，确保毕业生能够应对各种不断变化的挑战。

2. 能力结构

能力是指完成任务的心理特征，是在合理知识基础上培养的，与社会实践紧密相关。它是综合多种因素的产物，与存储在脑中的知识不同，更在行动中显现。虽然能力抽象而无形，但一旦养成，就难以轻易丧失。有益的能力体系是职业发展、社会适应、个人壮大的基础要素。能力的构成包含以下方面：

（1）专业能力

专业能力指的是在特定领域从事工作、经商或提供服务等职业活动的所需能力。它集结了知识与技能。专业能力在全体能力中居于核心地位，是个体胜任工作、保持生存的关键技巧。

（2）方法能力

方法能力是一项发展性素养，包括在职业活动中所需的工作方法和学习方法，涵盖科学思维模式和基础技能。科学思维模式不仅源自于方法论，更来源于各种知识的学习和实际应用，构筑了问题解决的思维途径。基础技能则是一个受过培训的个体为适应现代社会必须具备的技能，是发展方法能力所不可或缺的，包括阅读、写作和计算机操作等技能。

（3）社会能力

社会能力指的是在职业和社会生活中所需的行为能力，包括人际交往、公共关系和社会责任等。这种能力不仅是生存的基本要素，也是个人发展的基石。在开放的社会中，社会能力是必备技能，也是职业培训的重要目标。

3. 素质结构

素质这一概念是建立在个体的生理基础上的，受到教育和周围环境的塑造，通过个人的认知和实际经验逐渐形成，进而影响着身心全面发展的稳定特质。素质与知识和能力相比，层次更高。培养以创新精神和实践能力为重点的良好的综合素质是素质教育所希望达到的目标。一般认为，知识是能力的基础和前提条件，能力是知识的抽象和内化，素质被视为知识和能力的精髓，是它们在更高层次上的显现与提升。素质所涵盖的领域超越了知识与能力的界限，素质融汇了多种品质于一体，因此不容易被单独割裂开来。

（1）科学文化素质

与前文所述的科学文化知识相比，科学文化素质具有显著差异。它已经内化，并能够被再现，超越了单纯的知识形式，转化为思考问题的思维方式以及解决问题的能力和途径。在个人素质结构中，科学文化素质扮演着根本性角色，是培养学生的出色社会适应能力的不可或缺要素，加强科学文化素质的培养应是高职教育培养目标的重要内容。

（2）专业素质

专业素质是将专业知识与专业能力融合并提升的综合表现，包含了对新技术的接纳和理解力、在职场上的灵活适应能力、对工作质量和安全的高度重视、严谨的时间观念、明晰的经济意识，以及提出富有合理性建议的能力等。这种素质被视为高等职业教育核心的培养目标之一，也是区分高等职业教育与其他高等教育的主要特点之一，高等职业教育的培养目标必须明确突显出专业素质的独特价值。

（3）思想品德素质

思想品德素质是各类教育普遍要求的，包括：必须具备科学的宇宙观和人生观，坚守共产主义的崇高目标，确立准确的价值取向，辩证唯物主义和历史唯物主义的立场和观点；要有坚定的政治立场，遵循以经济建设为中心，坚持四项基本原则，坚持改革开放的基本路线；具有对国家的深厚情感和集体主义精神，能够以社会主义道德标准来规范个人行为，同时展现出出色的社会公德。除此之外，高等职业院校的学生还需注重培养正确的劳动态度和良好的劳动习惯，以及秉持集体主义的团结协作精神和高尚的职业道德。

（4）身心素质

良好的身心素质是高职学生能够完成学业以及胜任将来所从事职业的基本保障。身心素质包括身体素质和心理素质两方面。没有健康的体魄，许多技能特别是对体力要求较高的技能就难以发挥；没有良好的心理素质，在实践中运用知识、发挥技能时，能力就会大打折扣。良好的心理素质同时也是塑造一个健全的、全面发展的人的一项必备素质。

身体素质是指人体的结构和机能状态素质，它是人们完成其他活动的基础。高职学生应达到国家体育锻炼标准中该年龄段的要求，培养健康的体魄。

心理素质是指认识、情感、意志和个性等素质的综合。随着我国改革开放的深入，社会不断发生变迁，人们的生活节奏加快，竞争加剧，许多由心理素质引发的问题凸显出来，高等职业教育的目标在于培养学生在情绪上保持积极良好，意志坚定有力，与他人保持和谐融洽的人际关系，形成正确的自我认知，作出适度恰当的行为反应，塑造统一、完整的个性，并具备积极向上的社会适应能力。

（二）高等职业教育专业培养目标的构建

一个合格的专业培养目标必定是可以被具体执行的，这种可行性不仅体现在目标的明确定位上，还表现在目标要求的明确、清晰而非模糊不清。为了达到这个目的，必须逐层拆解培养目标，涵盖知识、能力、素质等各类目标，进行综合规划，确保它们在整个目标体系中占有应有的地位和比例。并且，需要有有序的计划，按部就班地将这些目标落实到每个教学环节中。

专业培养目标的首要任务是要进行细化，将其拆解成一个涵盖知识、能力、素质等要素的目标体系，然后将这个体系进一步转化为每门课程在教学计划中的目标。接着，将这些目标逐一分解到理论课程中的各个单元目标、课时目标，或者分解到实践性课程中的不同阶段目标上。在这一细化的过程中，同时构建了专业培养目标和教学目标，专业培养目标的构成在形式上应与教学目标相对应，内容表述应与教学目标相衔接。

鉴于高等职业教育的培养目标与其他高等教育存在差异，因此，当将专业培养目标细化为更具体的知识、能力和素质要求时，也呈现出明显的不同。普通高等教育在规划专业培养目标时，通常从学科的角度出发，确定专业知识、能力和素质要求，适当结合社会用人单位的要求，从基础到专业，按照学科自身体系来确定教学内容。而高等职业教育则以职业岗位的工作能力为核心，一般情况下，确定专业知识、技能和素质要求时，常常是根据职位分析的结果进行的，通过分析岗位所需的能力要求，从中推导出教育培养目标的具体要求，以必须够用为原则选择各学科的知识。

目前，广泛运用的高职教育专业培养目标的制定方式参考了 CBE（Competence Based Education 以能力为基础），理念，并结合课程开发模式。

第三节　高等职业教育的人才培养模式

所谓人才培养模式是培养人才的教育模式，是在先进的教育理念指导下，按照培养目标而设计的人才培养的步骤、方法、环节等，同时建立起一套保障机制与质量评价体系，保障人才培养目标的实现与人才的质量。在我国大力发展高等职业教育的今天，探究高等职业教育的人才培养方式构建，其重要意义具有深远影响。

一、构建高等职业教育人才培养模式的意义

（一）高等职业教育办学质量的要求

21 世纪的竞争是科技与人才的竞争，我国高等职业教育培养出符合其目标和规格的、满足经济发展的、适应社会需求的人才，既是学校工作的主题，也是事关高等职业教育发展和生存的基础。

近年来，随着教育大众化的到来以及国家大力发展高等职业教育，各院校招生的规模不断地扩大，但办学条件却相对削弱。为了保证高职教育持续、健康、稳定地发展，各院校就必须牢牢把握规模、结构、质量、效益的协调发展，就必须研究教学改革的保障措施、配套政策、资金支持。此时，构建专业人才培养模式，有利于学校在处理各种关系时，把质量放到核心地位，成为大家关心的热点，有利于改善办学条件。构建高职高专的人才培养模式，可以全方位进行改革、重组和建设，进而推动高职高专办出特色。通过落实以技术应用能力和基本素质培养为主线，建立专业人才的知识、能力和素质结构，建立与专业培养目标相适应的理论教学体系与实践教学体系，落实师资队伍建设，教材建设和实验室、实习实训基地建设规划等，进而确保人才培养目标的实现。

由于社会的发展，科技的进步，与专业相对应的岗位与岗位群也处于一个不断变化的动态系统中，这就要求高等职业教育不断调整专业培养目标和教学内容，不断调整"知识、能力、素质"结构，改革教学内容、课程体系、教学方法与手段，建立高职高专人才培养的动态模式，这样才有利于培养未来国家经济发展所需的各类技术与管理人才，唯有适用的人才才是高质量的人才。

（二）高等职业教育本土化的要求

由于我国高等职业教育发展起步比较晚，在其发展初期，学习和借鉴国外先进的职教思想、职教经验，无疑会加快我国高等职业教育的发展。国外提供了许多卓有成效的人才培养模式，如职业教育界熟知的北美 CBE（Competency based education，简称 CBE，以能力为基础的教育）/DACUM（DACUM 是 Developing a Curriculum 的缩写，是一种职业技术教育课程开发模式）教育模式、澳大利亚 TAFE（Technical And Further Education，简称 TAFE，以职业能力为基础的教育）教育模式、德国"双元制"教育模式等。中国是一个拥有五千年文明史的文化大国，历来重视教育，有着丰厚的文化底蕴和独特的教育思想，但只要吸收和借鉴世界各国优秀的教育理念、教育思想，使之适合本国、本民族的具体情况，坚持国际化与本土化相结合，就可以探索出有自己特色的高职人才培养模式。事实上，我国的教育基础、文化背景、民族传统和经济状况与世界各国有很大的不同，我国的高等职业教育应该在本国现有条件的基础上进行发展，这是最为现实和可行的途径。因此，我们必须根据这一现实制定人才培养方案，同时注重构建教学评价标准和方式。教育的目标不仅仅是教会学生具体的事务，更要培养他们做人的道德和修养。学生在吸收新知识和新技术的基础上，也应继承中国传统文化和优良传统，为将来谋生和创业做好准备。这就需要在素质教育和能力培养中找到平衡点。我们不能简单地照搬其他国家的教育模式，而是需要有创新，构建起有独特特色的高职人才培养模式。

（三）高等职业教育自身发展的要求

我国是一个地域辽阔、人口众多的大国，人们对教育的需求多种多样，各行业对人才的诉求亦各异，各地区的发展存在着不平衡现象，因而，人才培养的方式也呈现多样化趋势。建立高职人才培养的模式，关键在于妥善处理知识、能力和综合素质的结构关系。根据不同专业的需求，对基础理论和专业知识的教育体系以及实践教学的比例都需要进行差异化的安排。某些专业或许会在基础理论或专业知识方面适当开阔，以提高专业的适应性；而另一些专业可能会更加强调实际技能的培养，相应地加大实践环节的比例。对于一些紧密结合企业的专业，其教学计划需要与企业的实际生产同步，因而，其教学过程必然会有其独特的要求等。独具特色的人才培养模式，有助于塑造专业的特色和学校的独特风貌。

综合而言，为了提升人才培养的质量，我国必须建立一种科学、合理且能够适应国内外市场变化的独具特色的人才培养模式。持续不断地探索和构建适用于高职高专教育的人才培养方式，将有助于促进我国高等职业教育的持续发展。

二、高等职业教育人才培养模式的结构分析

在这里，有必要先介绍一下课程。"课程"一词有多种解释，课程是一个用得较为普遍的教育术语。因此，至今，课程还没有一个公认、统一的课程定义。人们一般认为，针对人才培养的整体改革策略被称为"课程"。这个策略包括教育机构为达成教育目标和培养目标所采取的所有行动和计划的整体规划。这些行动和计划的安排主要基于多种客观要求而制定的一系列方案和文件，这是一个比

较广义的课程概念。也可以认为，人才培养模式就是课程模式。在中华人民共和国成立之前，我国长期采用"课程"这一术语。中华人民共和国成立时，借鉴苏联的教育理念，开始采用更加具体的概念，如"教学计划""教学大纲""教科书"。从涵盖范围来看，"课程"与"教学计划"紧密相关，"教学大纲"和"教科书"则代表了课程的另外几种具体形式。在改革开放后，"课程"这一术语再次出现在相关的教学文献中。对比而言，"教学计划"等概念更贴近实际从业者的需求，而"课程"这一概念则更适用于学术研究和理论工作者的使用。为了引用有关文献及叙说的方便，本书中除涉及学生学习到具体的科目，使用狭义的课程概念外，其余均使用广义的课程概念。

当前，现代科技知识不断迅猛增长。由于教育学习的时间和周期有限，加之每个人的兴趣和能力多样，导致学历教育难以全面覆盖，所以，无论是高等职业教育还是其他高等教育的课程设置均使用模块化的方式，采用"活模式"构建不同的课程结构，以适应不同的培养目标。下面就介绍高职教育中常常使用的几种课程模式：

（一）单科分段式课程模式

单科分段式课程模式，是为满足特定职业或工作岗位需求而设计的教育方案。它以学科为核心，分为基础课、专业基础课、专业课（实习课）三个阶段。该模式注重学科体系的完整性，强调学科基础理论。这一模式的开发主要由专家和教师参与，通常采取相对主观的方法，将"人才规格要求"与学科紧密结合，将掌握学科知识作为培养目标，评价课程乃至学校教育质量。因此，这种模式也被称为"学科本位型"课程模式。

然而，这种模式过于注重学科知识的传授，却忽视了培养学生动手能力的重要性，这一弊端显而易见。尽管如此，单科分段式课程模式仍在高等职业教育课程设置中有重要影响，曾被广泛应用于高等职业院校中。

（二）"宽基础、活模块"式课程模式

这一教学模式采取了面向职业群体的方法，课程设置方面采取了模块化的组合方式。整个课程结构分为两个主要部分：第一部分是"宽基础"，第二部分则

是"活模块"。该模式的核心目标是培养综合职业能力。该模式认为，这种能力是追求职业发展的关键要素，涵盖了各个层次的能力需求。基础从业能力是职业所必需的，适用于特定职业领域，是工作者在社会中立足和生存的基本能力。课程中的"宽基础"阶段注重关键能力的培养，而"活模块"则专注于基础从业能力的培养。

"宽基础"部分的内容并不局限于某个具体工种，而是涵盖了整个职业群体所必备的知识和技能。它着重培养学生的综合素质和能力，强调通用技能的培养和关键能力的塑造。这个阶段的课程可以进一步划分为几个主要板块，如政治文化板块、实用工具板块、公关技巧板块、职业专业板块等。为了更好地组织和更新教学内容，每个板块又由一系列子模块构成。

"活模块"侧重于特定职业领域所需的知识和技能，旨在增强学生的从业能力，提高学生在就业市场上的竞争力。这一部分的课程结构有利于学校根据市场需求进行选择，同时也支持学生根据个人特点和发展需求进行定制。课程内容的模块化结构还能够确保内容及时更新，与科技进步保持同步。

（三）矩阵式课程模式

这一方法强调将能力视作课程设计的核心，以能力为主线展开课程构建。典型做法是运用DACUM法，该缩写来自 Developing a Curriculum（教学计划开发）。该方法的基本思路为：从社会中选拔一批优秀的专业人士和管理者，代表该专业所涉职业岗位，形成一个职业专家委员会，经过数日集中研讨，详细描述岗位职责、工作内容、任务要求。同时，对于履行这些职责、完成工作任务，学生应具备的知识、技能、态度等方面进行分析，以及在工作中所要用到的工具、设备等方面，尽可能展开详尽、具体的阐述。接下来，学校的教师会对职业专家提供的描述进行分类整合，以任务完成为核心，将这些基本要素——知识、技能、态度等联系在一起，形成课程架构，形成若干个课程模块，再根据学生的实际需要（有的模块对于某学生来说已经掌握可不再学习；有的模块所对应的某项工作任务，对于某学生的实际岗位来说不作要求，也可不选学）以及模块的逻辑顺序、水平等级，作出仅适合于某学生或某一类学生的个性化的课程计划。这种结构运用灵活，职业针对性强，但教学内容较窄。

第五章 高等职业教育的课程体系

　　课程体系主要指的是：特定的课程观（理念）、课程目标、课程内容、课程结构和课程活动方式，还有狭义的课程（实施教育的具体学科）所构成的组合系统。这里的课程体系是指广义的课程概念下高等职业教育目标的确定、功能的发挥的主要载体。就其本质来说，课程体系的建设是一种实施教育、教学等育人活动具体方案的整体设计。所以，高等职业院校的所有教育工作都是以课程体系为中心的，而课程体系的改革既是人才培养模式（广义的课程理念下）的落脚点，也是教学内容和方法改革的起点。为了引用有关文献及叙说的方便，约定本书涉及的课程均使用狭义的课程概念。

　　《高等教育面向 21 世纪教学内容和课程体系改革计划》提出，高等职业院校要坚持"教育要面向现代化、面向世界、面向未来"的原则，在遵守高职教育的规律的同时，也要与现代高职教育的发展趋势相适应，要把对学生进行的素质教育作为重点，要对学生的创新能力进行重点的培养，要关注学生的个性发展、全面因材施教；要注意科学地进行教学改革，要把知识、能力和素质的关系，要把传统教学内容和现代教学内容的关系，要把继承与创新的关系，要把统一性和多样性结合起来；在继承和发扬我们的优良民族文化的同时，我们要敢于学习和吸取国际上一切有益的经验和成功的经验，把中华优良的传统文化同国际先进的科技和文明相融合，不断探索、不断地创造。在经历了十多年的艰苦工作之后，我们的高职教育的教学内容和课程体系已经很大程度地改变了落后于科技、经济、社会发展的现状，为我们在 21 世纪初期大幅度地提升我们的高职教育的教学水平和教育质量奠定了坚实的基础。本章主要介绍了高等职业教育的课程体系，具体阐述了三个方面的内容，分别是高等职业教育课程体系构建的依据与方法、高等职业教育课程体系的结构、高等职业教育课程内容体系。

第一节　高等职业教育课程体系构建的依据与方法

一、课程体系构建的依据

（一）课程体系与环境相适应

将培养目的和专业标准全面地体现出来，与社会经济发展的需要相适应，能够将科技发展的现状与趋势进行反应，同时还能与学制、学时限制等相结合，这就是构建课程体系的外部环境基础，系统受到环境的限制，系统必须适应环境。专业课程体系建设与其所处的环境相契合，具体表现为：

1. 与科学技术发展相适应

现代科技的发展具有三大特点：一是发展步伐呈加快的态势。二是既有高分化和高整合，但同时也有高整合占主导地位的整体倾向；三是科技向生产力的转变不断加快。与此同时，经济体系的成功转型、全球经济一体化，都对经济运作产生了深远的影响。因此，社会经济迅速发展，对人才的质量和能力提出了更高的要求。在科技以学科形式快速发展的今天，科技领域的科学与技术的分工日益细化，高校中出现了更多的专业。随着人类实践领域的不断扩大，很多科学技术的发展都建立在了交叉学科的基础上，出现了大量的边界学科，也越来越凸显出了综合思维的重要性。在现代科学技术的发展过程中，一些先进的技术在不断地借鉴着中国的传统思想，并逐渐形成了一种以解析和合成相融合为主要特点的科学技术。因此，在高等职业教育阶段向学生传授所有知识是不可能的。越来越多的学者认为，如果说 1996 年—2000 年，随着以信息技术为主导的高新技术的迅速发展，这一阶段被人们惊呼为知识爆炸时代，那么，2000 年以后，就是以各种已出现的新知识、新技术相互渗透、相互结合为主导的发展时代。我国以传授应用技术为主线的高等职业院校，如果采用高度分化的、互不相干的"科学主义"

和"专门职业化"课程体系，则将无法培养出现代社会所需要的高素质的人才。

2. 与产业结构调整相适应

根据教科文组织的数据，在 20 年内，必须有 50% 的工作机会被新工作机会所取代。社会工作岗位的组成和内涵不断变动的特征，使得在高等职业学校在 2~4 年的时间里，社会工作岗位的技术水平被淘汰的比例为 7.5%。[①]美国和法国四年的高职高专教育，在大一和大二阶段都进行全面的基本教育，让学生以打好基本功；学生在三年级和四年级重新选择专业时，重点放在专业课程上，其共性是口径大、基础厚。

3. 与高职教育的培养目标、人才规格、社会需求相适应

高等职业教育是高等教育不可分割的一部分，也是高等职业技术教育和训练的一部分，是与其他各类教育相关联又相对独立的一部分。在课程系统中，对课程种类的选取以及所占的比重，构成了具有多种特点或种类的教学活动，课程内容中的各个元素在广度和深度上都有不同程度的差异，从而形成了各种教育的不同水平。高职教育的课程在本质上就是在培养目标、人才规格、社会需求等方面，不同于其他类型、不同层次的教育，因此，就构成了这种新型人才规模培养的需求和条件。唯有如此，高等职业教育在发展与作用上的无可替代性才能真正体现出来。

高等职业技术教育以高等教育为基础，又具有高等职业技术教育的特点，这是高等职业技术教育的课程特色。高等职业教育的实践课程具有明确的行业、专业或工种的社会性和职业性的发展趋势，是面向生产一线，具有"中间型"或"桥梁型"的技术性的社会性职业群体。因此，在高等职业教育中，实践性课程有着独特的位置。

（二）课程体系与教育思想

教学内容和课程体系改革是高等职业教育教学改革中最活跃的部分，而在进行教学内容和课程体系改革的时候，首先遇到的问题就是用什么样的教育思想进

① 柴蓓蓓. 信息时代下高等职业教育发展 [M]. 长春：吉林出版集团股份有限公司，2020.

行指导，以及如何在教学内容和课程体系的构建之中具体实施高等职业教育思想。目前，高职教学内容和课程体系最集中地吸收并体现了下列高等职业教育思想：

首先，体现了"全人"教育思想。"全人"就是指全面发展的人。培养"全人"既为人才培养提供了明确的目标，还为高职教育的改革提供了指导思想。高职高专在教学内容、课程体系上的变动，必然伴随着高等职业教育的发展方向、人才培养标准的变动。"全人"教育理念在教学内容和课程体系改革中的作用主要表现为：更多地关注素质教育，更多地关注学生的创造力，关注学生的个性发展，全方位地因材施教；强调"必需、够用"既是高职教育对基础理论（包括公共课和专业基础知识）的基本要求，又是最高限度；减少了过多的专业理论课的比例；课程内容多样化，通过增加选修课的形式来满足学生的多方面需要；改变以往忽视人文教育的情况，使得人文教育课程、社会科学课程和自然科学课程在课程体系中获得了同样重要的地位，使得学校课程结构趋于合理化。

其次，体现了终身教育思想。终身教育思想对教学内容和课程体系改革的影响具体体现在：高等职业教育的课程着眼于学生的发展，注重学生学习能力的培养和强调科学方法教育，注重教会学生学习的方法和对学生品格的塑造；强调学生习得知识的心理逻辑和人类获得这些知识的历史线索，获得知识的过程和科学研究方法，以及学生应该掌握的继续学习的技能。高等职业教育的课程不单纯追求某一学科知识的系统性和完整性，而是打破了传统的学科知识结构，将相近的学科知识内容进行中心构建，形成新的课程体系，突出科学的整体性，而不是过于强调学科与学科之间的界线，这样可以拓宽学生学习的基础知识，最大程度降低过于专业所造成的弊端，还可以让学生在同一时间内，得到多个学科知识的培养，加强文理学科知识之间的渗透，以弥补"两种文化"之间的鸿沟；普遍压缩了课内教学时数，增加了课外学习的时间，并对学生的课外学习提出了更高的要求；在整个课程体系中增加实践性教学的比重，特别是在理工科类的实验教学中，减少了验证性实验，而增加了探索性实验和综合（组合）性实验，从而提升了学生的创新和动手能力。

最后，反映了教育国际化的理念。随着科学技术的发展和信息社会的发展，教育国际化对高等职业院校的课程改革产生了深远的影响。在教学内容、课程结构等方面，高等职业教育改革也呈现出一种国际化趋势。例如，在我国高等职业教育的发展中，大胆地借鉴并积极地吸取了国外一切先进的、有益的经验和成果；在高等职业教育中，以"CBE"为核心的"双元制"的教学理念和模式，在我国的高等职业教育中被广泛地移植和运用；重视和加强外语与计算机课程教学，大多数学校提出了外语和计算机教学不断线；在文化素质教育中开设了世界历史文化、外国文学导读、西方哲学史、当代世界政治经济与国际关系等课程；在财经、法律、管理等专业方面开设的课程尽量与国际接轨，有些课程还采用了外文教材。

（三）课程目标与实现取向

课程目标指的是课程在一定阶段所努力达到的教育目标，是通过课程实施（也就是教学）所要实现的指标体系，包含课程总方案（教学计划）中的培养目标和分科标准（教学大纲）中的分科目标这两个层面的内容。课程目标明确指出了课程的发展方向，指明了课程的范围，提示了课程的重点，确定了课程内容的选择和组织，指导了教学评价工作，是实现课程宗旨的重要保证之一，是课程的基本要素。高等职业教育课程目标是指高等职业教育的总体发展方向和发展成果，具有区别于其他职业教育的作用。

1. 高职课程目标的价值取向

（1）"行为目标"型

"行为目标"是一种以具体的外在行为形式表达出来的课程目标，指的是在完成全部课程后，学生行为的改变，明确了学生要做的事情，要做到的程度，其中心是对行为的调控。"行为目标"以精确、具体、可操作为主要特征。"行为目标"明确而具体，有利于制定教学程序，有利于对教学程序进行精确的评估，并对其进行有效的控制。要想有效地控制人们的行动，就必须把目标分解得越细越好，这样才能最大程度提高目标的可操作性。课程的目的是透过对人的生活经历与现存之社会工作进行剖析，并着重于基本之理论和实务技巧，既具工具性又具实用性。高职教育的课程开发活动应该反映出有关行业的专门知识和技能的需求，而这些需求在实质上是一系列具体而明确的特定行业的职位能力要素。因而，高等职业教育的"行为目标"定位就是要以培养学生对具体工作岗位技能的掌握为

宗旨，把各种技能分解后的技能组合起来，形成一种综合的技能。

（2）可扩展的目标导向

可扩展的目标是指在一种教学情境下，伴随着教学活动的进行而产生的一种课程目标。这是一个问题的答案，也是一个人成长的必然需要。"扩展目标"的基本特征是其具有进程特征，并在"行为目标"缺乏的情况下得到了发展。"扩展目标"否认预先设定的目标可以支配具体的教学过程和教学方法，而对师生在教学中的主观能动性给予了足够的尊重。"扩展性目标"导向的根本目的在于教学实践中，以知识系统为支撑，对学生进行批判、创新的教学，从而达到对"知识本质"的认识。在此基础上，培养了学生对已有知识的灵活应用，也就是使学生利用已有的理论来处理问题。

高等职业教育的目的是要使人才拥有足够的理论知识，能够指导技术应用，并能够解决技术问题。这一类型的人才的特点是拥有较强的将理论与实践相结合的能力，该能力其实指的是对专业工作中的技术问题进行综合应用的能力。问题的解决能力在很大程度上取决于丰富的经验（实践知识）和隐性知识，因为这类知识是一种依赖于情境、综合的、与情境相关联的、与特定的工作情境相关联的知识，并不能简单地从理论性知识中获取，也不能依靠"行为目标"进行预设，而是必须在实际工作中，在不断地解决问题的过程中，逐步积累起来。在此过程中，学生的解题能力得到了进一步的提升，这与"拓展"的目的不谋而合。

（3）"表达性目标"导向

"表达性目标"是指每个学生在不同的教学情境中，通过不同的"际遇"而形成的个体化表达。"表达性目标"取向仅仅给学生们提供了一个活动的领域。而在结果方面，它是一个开放的、注重学生和教育情境之间的互动关系，将课程看作是一个可以充分发挥学生主观能动性的过程，重视学生的个性发展与创造力。因此，与"拓展性目标"的取向相比，它又向前迈进了一大步。因此，"表达式目标"导向更适合于对学生个性的发展，对学生创新精神的培养。

随着终身教育、继续教育、可持续发展等理念的建立，高等职业教育已经从职业生涯规划的视角，对学生的综合发展给予了重视，也就是要重视将学生的智力、体力、情绪、伦理等各方面的因素进行整合，让学生变成一个完美的人。与此相对应的是，高职教育的课程开发表现出了从"学科本位"到"能力本位"再到"个性本位"的发展趋势。从纯粹的"技术工人"向"技术人文人才"的转变，是当前高等职业教育发展的主要方向。这样的课程观念在客观上需要在高职教育的课程设置中贯彻"以人为本"的理念。以个性为本的课程观，其核心是对学生的主体性和创造性的思考，从而将他们的潜力发挥到最大程度。因此，以个性为本的课程目标，一定会将重点放在对学生个人心理活动的重视上，这与"表现性目标"倾向所强调的对学生在课程实施过程中所展现出来的复杂性的智力活动的重视程度不谋而合。由于这些智力活动通常是由学生利用现有的知识和技巧开展的一项具有创造力的活动，因此，该活动既可以培养学生的综合能力、创新能力、个性等多种品质，还可以锤炼他们的职业态度、职业意识、职业探究能力。特别是当前，创业意识和创业能力的培养已成为全球高等职业教育的普遍追求，这一"表现型"的导向所蕴含的重要价值更加得到了凸显。

2. 课程目标多元化与兼容性

高职教育与生产之间存在着直接的联系，不仅对高职教育的课程目标提出了更多的要求，还需要能够对生产一线的实际知识、技能和态度进行及时的反应。因为"桥梁型"人才和"中间型"人才在实践中存在着类别和层级的模糊界线，所以，与其他种类的高等教育相比，高等职业技术学院的课程目标种类更多，层次更复杂，变化更快。

从三个方向的本质上讲，"行为目标"是一种"工具理性"，带有控制力的思维，侧重于单纯的外在行为，更适宜于对学生进行特定的知识和技巧的培训，但是，很多人的精神活动都不容易被观察到的行为事先具体化和分解，所以，很难牵涉到一些错综复杂的精神活动。"拓展型"教学以"实践理性"为导向，更有利于提高学生的问题解决能力，但同时也对师生提出了更高的要求。"表达型"的教学目的是为了"解放理性"，它能更好地发展学生的独立性和创造力，但是，在实践中难以确保每一个人都能满足这一基本的教学目的。因此，从"行为目标"到"展示性目标"，再到"表现性目标"的发展，就会否认"行为目标"存在的正当性，而只是在更高层次上对"行为目标"的定位进行了一种超越和升华。由于"行为目标"所起到的作用仅限于对低级素养的提高，因此，它应将高层的"拓展"与"表达"相结合，将"行为目标"有机地结合起来，从而更好地服务于人的全面发展。

在高等职业教育方面，"行为目标"有利于对某一专业职位或职位群体进行基础的理论和技术的训练，而"扩展目标"有利于对其进行实践应用的训练，但是，"表达性目标"对学生的创新能力、职业探索能力和职业意识和道德、个性品质等全面的影响是有益的。传统的高等职业院校大都以"行为目标"为导向，而随着"终身教育"理念的广泛推广，高等职业院校培养目的的出发点应该是以学生未来的可持续发展为出发点，不但要为学生掌握各类技术打下坚实的知识基础，还要对他们的心理功能进行培育，并激发他们的创新精神，让他们了解某些科学原则，并培养他们运用各类技术的能力，使他们能够熟练地运用基本的技术，并激励他们对自己的工作抱着一种正面的态度，保持一种好的工作风格。

高等职业教育是一种高水平的职业和技术的继续教育和训练，其课程目的不可能仅限于正规的学历教育。为适应社会多样化的需求，高等职业教育应实行学历教育与非学历教育、正式教育与非正式教育、长期教育与短期培训、文凭与文凭相结合的方式。在知识经济的背景下，由于各个行业的生产技术都在持续地升级和集成，因此，高等职业院校的课程并不能够仅仅局限于与行业有关的素养的培训，还应该关注培训目标的自主、充分地发展，从而增强学生的适应性和发展性。高等职业院校的课程目标从"行为目标"的单一化走向"表现化""行为目标""拓展化"的多元化融合，本质上是人文与科学的融合在高等职业院校中的一种反映。这表明，在职业教育中，人们在不断地追求着人的主体价值和人格解放，这也是一种符合时代发展趋势的表现。高等职业院校的课程目标的多样性和适应性是体现这个时期的必然特色。

（四）课程功能与价值取向

1.课程功能的价值取向

根据高等职业教育的发展历程，可以将高等职业教育的课程职能划分为三个时期。在第一个时期，其价值观以"社会标准"为核心，即以"社会对人力资源的需求"为依据，注重以专业的专业标准来对课程方案进行标准化，并在其中寻求"工具性"的价值。在第二个时期，其价值观是将"社会"与"学校"这两种价值观相结合，追求课程的效用性价值。其动因来自一些人对 CBE（以能力为基础的教育）理论的批评，认为 CBE 理论只适应于继续教育、岗位培训，学校的功能应更多地考虑作为一类高等教育的功能。这种批评在客观上促使高等职业类学校探索如何把素质教育、能力培养与课程的功能有机地结合起来。在第三个时期，将终身学习，终身教育，学生个性发展，高职教育的可持续发展战略，以学生为中心，以培养创新精神和技术运用能力为核心的学生价值观相联系，重新检讨课程的作用和价值，追求课程的发展性价值。

课程包含课程的教学，必然反映社会发展的现状和趋势，课程的价值自然以社会本位价值取向为主导，同时必须体现学校教育在人才培养中的特殊功能和作用，要建立起一套以社会为本位、以学校为本位、以学生为本位的教育价值导向的统一体系。在课程功能的价值导向方面，它已经从仅仅以生产世界对人的能力和质量的需要为中心的思维模式中跳了出来，从而使学生的专业技能的培养和他们的内在精神构建达到了一个完美的统一。因此，高等职业教育已经从简单地对学生的职业岗位能力进行培养，转向了对学生的综合职业能力、社会适应能力、创新能力，以及情感、态度、价值观等多种素养进行相互融合的方向，达到了工具价值，实用价值，开发价值的统一。

2.课程体系与课程理念的价值取向

课程观（思想）指的是人们根据社会学、哲学、心理学、教育学、技术学、课程论等方面的原理或主张，构成了对于课程的基本观点或一般看法。在对高等职业教育课程体系进行开发与改革、构建高等职业教育课程体系时，对高等职业教育的课程观念的建立是高等职业教育提高质量、办出特色的前提条件。

根据国内高职教育发展的各个时期，高职教育的课程思想理念可概括为三个方面：

（1）以职业能力为本位的课程思想

"职业能力"是一种具有综合标准的就业能力，包含了经验、知识、态度、技能等实现一项工作目标所需要的所有内容，非技术性的职业素质，职业领域内

的职业岗位变动时良好的适应性和所具有的就业弹性、创新精神和开拓能力。

（2）"以综合才能为中心"的教学思想

学生的综合才能可以划分为两个方面，即"综合才能"的构成和"综合才能"的水平。学生的专业技能、方法技能和社交技能构成了学生的能力结构。专业能力就是指从事职业活动所需的职业技能和相应的知识，既包括劳动者胜任本职工作，赖以生存的核心本领，又包括作为"职业人"应掌握的不同职业领域所需的通用本领；方法能力指的是从事职业活动所需的工作方法和学习方法；社会能力指的是具备从事职业活动所需要的行为能力。综合素质的水平被划分为两个方面，即实践能力和关键能力。实践性能力是对某一专业而言必不可少的能力，关键能力是指超现状岗位的适应能力。

（3）素能体系构筑为本位的课程概念

该概念主张将能力的内涵与能力的培养相统一，从整体结构、整体功能上进行优化，从而构成一个可实现的，并且能够持续地进行组合的、具有开放性的、可持续发展的、具有开放式的、有机的序列体系。知识、能力和素质是高校人才培养的基本要素。知识是指某一特定领域中专门知识与技术的总和，能力是指以技术应用能力为中心的实务能力，素质包括基础素质、专业素质和延伸、延伸素质三个方面。基本素质主要是指在思想、文化、身体和心理等方面所具有的一般素质，专业素质包括专业素质、工程素质和其他专业素质，拓展延伸素质主要指的是能够在持续学习、创造性等方面与个人及社会可持续发展相适应的素质。

以职业能力为本位的课程观兴起于 20 世纪 70 年代的欧美国家，于 20 世纪 90 年代初才引入我国。这种课程观念对于改变目前高等职业院校只注重传授知识，忽视能力培养的倾向，发挥了一定的积极影响，这是对传统的专业型课程的一大改变，更好地反映了职业教育课程的特点，对科技类专业人才的培养目的也更有利。然而，专业能力归根结底，只是指人们对外界物质世界进行改造的一种能力，是人的一种外在发展态势，具体体现在学历证书和职业资格证书上。专业的才能总是与生产性的社会相关联，无论"能力"的含义如何广泛，都不可能包含人类发展的其他层面：以价值、道德、自由、情感、意志、人格、审美、信念、理想等组成的精神世界的发展，而在人的全面发展的目的中，这些都是极其关键的要素。所以，把职业技能当作是高等职业技术学院课程的整个价值，这与其教学目的是背道而驰的，同时，这也不符合学生的全面发展，不符合学生追求幸福人生的需求。职业能力是员工胜任工作和快乐生活的前提，但职业能力不一定是员工出色工作和快乐生活的保障。一个人要想在一份工作中做到尽职尽责，并且从工作中得到乐趣，就必须通晓各种学科，如心理学、社会学、文学、历史以及基本的美术。

综合能力观强调从社会的视角来描述工人应该具备的能力，这个描述比较全面。从高等职业院校的培养目的来看，职业能力可以被视为对综合能力的一种不完整的解释。国家的经济得到了进一步的发展，同时越来越多的高新技术也得到了广泛运用。因此，在现阶段人类社会中，原本存在的一些低技术岗位逐渐被淘汰，取而代之的是具有较高的智能成分和技术含量的新型岗位。因此，职业岗位对就业人员的技术水平和综合素质提出了更高的要求。对学生进行综合能力的培养，在高等职业教育中的作用将会更加明显。

素能体系的建构兼顾了社会发展和学校教育两方面的要素，这是因为从教育功能上，社会需要劳动者具有什么能力、学生应具备什么能力、学校怎样培养学生的能力，三个部分不能互相分离。高等职业技术教育与技术能力、就业适应等有着紧密的联系，但是，高等职业技术教育归根结底仍是一种教育，而非一种培训。从知识、能力、素质三者关系上看，知识、素质是形成能力的基础，能力是知识与素质互相作用、协调发展的外在表现。卡尔·西奥多·雅斯贝尔斯（Karl Theodor Jaspers）对此作了更加清晰的阐释："教育不只是积累知识，培养能力，而是培养心灵的教育，是做人的教育。"[1] 高等职业学校如果仅传授学生"何以为生"的技能，却忽视了学生"为何而生"的本质，使学生无法从生命的意义、存在的价值等基本问题上重新审视自己，改造自己，舍弃了培养学生的自由精神的圣洁标准，将所有的教育目标的无限转化为追求生存的极限，那么，这将是一种"丧失了半个人性，丧失了半个教育"的结果。从学生形成能力的过程看，能力是在适应社会发展要求和实现学校教育目标的过程中共同作用的结果。因此，在

---

[1] 杨欣斌. 高等职业教育方法论体系构建的理论与实践 [M]. 东营：中国石油大学出版社，2007.

高职课程观的取向上，在未来一个时期内，重视专业技能的培养和发展与素能系统构建相融合，将是我国高职课程在未来一段时期内的努力方向。

二、构建课程体系的原则与方法

（一）构建课程体系的原则

1.适应发展原则

在始终贯彻着"教育要面向现代化、面向世界、面向未来"的原则，在遵守高等教育的规律以及与现代高等教育的发展趋势相适应的大前提下，高职课程一定要与社区或者地区经济发展的需求相一致，符合经济发展的规律和产业发展的预期，在经过了对市场的调研和现实的论证之后，紧密围绕当地经济发展的走势，根据产业布局和构成对其进行开发设计课程。

2.素质本位原则

在分析高等职业教育专业人才素质的基础上，要正确处理好知识和素质的层次，与类别之间的关系。在知识结构方面，将重点放在专业相关的职业领域中的专业知识和专业技能上，加强在岗位群中的适应性和就业灵活性；在素质结构方面，以基本素质、职业素质为重点，同时还考虑拓展和延伸的素质，关注学生的个性发展，并对他们进行全面的因材施教。

3.复合性原则

高等职业技术学院将对学生的综合素质进行培养，让学生具备专业、方法和适应社会的能力。这就对学科建设提出了综合性的要求，也就是要正确地解决好素质教育和职业教育的结合问题，以及科学教育和技术教育的结合问题，教学与学习之间的问题。将科学知识、社会生活和学生经验进行融合，可以促进学生在学以致用的过程中，能够持续地与社会的变化相适应，从而对自身潜力进行开发。在进行变革时，要注意坚持科学的态度，要把知识、能力和素质相结合，更要把传统和现代教育方式、传承与创新、统一和多样化的关系结合起来；不仅要对我们的优秀的民族文化进行进一步的推广，还要对世界上各个国家的高校改革中的一切先进的、有益的经验和成果进行充分的借鉴和吸收，致力于推动中华优秀文化与国际科技、文明的融合。

4. 统一性原则

终极目的是建立在过程目的之上的，而终极目的的达成则是一个动态的过程。课程是完成课程目标的基础单位，进而组成了一个课程系统。过程目标与终极目标是一致的，以终极目标为导向，将整个过程目标的总量转变为终极目的，从而培养出一批具备全面素质的人才。

5. 社会性原则

课程目标的含义是以教育和社会之间的联系为基础的，包括各个教育水平。因此，高等职业院校的教学内容应根据高等职业院校对人才的培养定位来确定，要确定高等职业院校对"怎样的人"的定位和要求，高等职业院校应承担怎样的任务和要求。要大力发展高等职业教育，大力培育一批高水平的技术能手、能工巧匠和大国工匠，这就是高等职业院校面临的重大课题和历史使命。所以，在建立高等职业院校的课程体系时，必须遵守社会性的原则，在制定课程目标时，要积极地与社会对人才的需要相匹配。

在我国经济和社会发展模式由追求数量向追求质量的过程中，德技并修、德才兼备、内外兼修的高质量的技术和技能人才，是社会发展迫切需要的高层次人才。为此，高等职业教育的课程目标和课程设置必须适应"德技并修"人才的时代需求，以高等职业院校的知识观念为指导，把"工匠精神"融入"优良传统""企业文化""校园文化"的"德"字之中，并把它融入专业的课程教学中去，在"技"方面，积极、主动地顺应产业发展的需求，把工业新技术、新工艺、新材料等纳入教学体系，为地区乃至全世界提供技术支持。

6. 系统性原则

高等职业教育课程体系的构建还应遵循系统性的原则。系统性原则要求构建高等职业教育课程体系时结合高等职业教育发展的总体要求，在课程体系的构建、课程资源的开发、课程教学的实施等方面，将课程的培养目标分解为可表达的、可测量的培养目标。在这个过程中，需要将注意力集中在各学科的水平和垂直的差别与联系上，如与中等职业学校、专业高职学校的衔接，以及与普通大学的区别。在此基础上，需进一步注重在微观、中观和宏观三个层次上实现课程目标的合理、统一。例如，从宏观角度来看，要注重政府、学校和企业之间的协作；从中观角度来看，要以个人能力的整体发展为依据，对教学资源进行最优的安排，包括创新能力、学习能力等以及技术技能的获取的规律，从而对教学内容进行均衡和比例分配；从微观角度来看，在设计人才培养模式时，应当根据高校不同年龄段的学生的身体、心理和学习规律，对学习的知识点和技能的训练细节进行进一步的具体化。

7. 能力导向原则

"以能力为本"的教学模式对我国的高职教育的发展有着深刻的影响，至今仍在我国高职教育中发挥着重要作用。由于这种教学模式对职业技术能力的重视，因此，在它的引导下，高等职业院校可以根据工作岗位的工作需要，来明确学生所应拥有的职业技术技能，并以此为基础来进行教学，从而形成高等职业院校最大的特点。由此，也造就了大量的大学生能够"零距离"地接触工作岗位，从而直接解决了社会的需要。高等职业院校具有不同于一般大学院校的"职业性"，高等职业院校的专业设置也要坚持以"以能力为中心"的理念，强调"以能力为主"，以高等职业院校的"知识理论"为指导，既强调"能力"，又强调"知行合一"，从而凸显高等职业院校的优质特色。所以，高等职业院校在建立课程体系时，要以行业发展和社会需要作为指导，对学生的分析和解决问题的能力进行培养，使学生能够参加或完成技术革新和工艺流程转型，使学生具有较强的创新创业能力；与此同时，还要加强对学生的职业素养和综合素质的提高，把学生培养成能够满足社会发展需求的、具有全面发展能力的人。

8. 创新性原则

高等职业院校的课程设置创新原则包括两个维度：一是根据高等职业院校的人才培养目的，建立以创新为主导的高等职业院校课程体系，在课程设置和课程实施中，注重对学生创新意识、创新精神和创新能力的培育，体现高等职业院校的高品质创新发展；二是从高等职业院校自身的角度来看，需要凸显高等职业院校的高品质和创新性，需要创新建构理念，确立整合的内部逻辑，并与高等职业院校的整体发展需求相联系，探讨多种建构方式，以促进高等职业院校的高品质发展。

作者认为，高等职业院校的专业设置应以高等职业院校的"高等性"和"职业性"为依据，以高职教育人才培养的整体要求和培养目标为基础，以高职教育知识观为指导，对知识体系进行重组和优化，将"任务系统分析"与"综合能力开发"结合起来，展开一系列的课程开发工作，把学生放在教学的核心位置上，把学习过程作为教学的方向来展开，对课程的评估工作坚持社会性、系统性、能力导向和创造性等原则，最终，构建出一个具有相对独立、相互联系、层级分明、理论与实践相结合、产学与教育学相结合的课程体系。在这一背景下，结合"工学结合""产教融合""校企合作"和"知行合一"这"四合"模式，可以对高等职业院校在今后的发展方向进行深入探讨。

9.课程体系构建的其他原则

我国高职教育在发展的不同阶段和时期以及面对的问题和需要解决的重点，从不同的角度提出了课程体系构建的其他原则，现从中摘取几种在高职发展历程中有一定影响的原则介绍。

（1）选择性原则

国家可以通过设立可选择的分科或综合课程，为每一门学科的课时提供灵活的比例，以及地方、学校自主开发或选择课程的空间，提高课程对地方、对学校和对学生的适应性，以激励各个地区的创新精神，创建有特点的高等职业院校。

（2）全面性原则

将课程建设与专业定位、人才培养目标、学科专业建设和学院发展密切结合。在构建课程体系时，高等职业院校要注意构建各个层次的课程群，同时还要注意教材、大纲、教学计划和教师等多个方面的内容，并尽可能地使其更加完整。

（3）层次性原则

在保证课程体系构建具有科学性、整体性和综合性的基础上，尽可能地将不同种类的课程在纵向上的分层表现出来，同一类课程在水平方向上分层。

（二）构建课程体系的方法和步骤

我国在高等职业教育课程体系构建方法方面的研究资料甚少，至今也没有取得共识的构建模式。但是，通过对众多培养方案的分析发现，对于我国在课程建设与改革方面取得显著成绩的高等职业院校，就其设置方式而言，大同小异。这些高等职业院校的课程开发可以按照三个步骤来进行：首先，对职业（岗位）进行分析；其次，对目标任务进行分解；最后，对教学内容进行构建（主要是教学科目）。

1.职业分析

职业分析是建立在对社会需求进行调查的基础上，在一般情况下，它是由在生产第一线工作的专家和技术骨干组成的一个专业建设委员会来进行的。伴随着社会经济的发展，由于产业结构的调整，导致职业结构和工作岗位的内容发生了改变，而要对地区经济的发展情况有一个准确的了解，就要从现实的需要开始着手，对第一手的信息材料进行广泛地搜集，这是对高等职业教育的基本要求。对社会需求进行调查与分析的过程，其实也是一个对课程目的、课程目标、课程内容项目、课程结构和课程活动方式进行选择和确定的过程，是制定课程标准的起点。所以，在职业教育课程开发之前，对职业教育进行的社会需求调研的广度和深度，对后续相关课程体系建设工作的质量和成效会产生一定的影响。专业建立委员会的首要工作是为高等职业院校毕业生所面临的工作职位（职位组）制定操作规范：按照岗位职责的优先顺序、岗位职责的优先顺序、岗位职责的胜任程度、岗位职责的明确定位，对综合能力、特种能力以及职业道德、敬业精神等方面的职业素养进行分析，为下一步开展目标任务的分解打下坚实的基础。

2.任务分解

将目标任务进行分解，以职业岗位分析为依据，按照综合能力和特殊能力的要求，将它们一项一项地转化成为一种教育需求，也就是在形成相应的知识、能力、素质的分类结构之后，再对形成的知识、能力、素质结构的教学进行分析，从而完成从社会需要到教育功能的转变。将上述的理论性和实践性再一次进行分解，为培训学生提供不同的理论知识和技能模块，然后转化为对应的实践教学模块、理论教学模块以及与之相关的教学活动模块。目标与任务的分解，是确定教学目标、进行课程建设的依据。

在一般情况下，专业建设委员会与拥有丰富教学和实践经验的专业教师（多数高等职业院校由培养方案制定领导小组进行综合协调）协作进行目标任务分解。这种方式不仅可以发挥出用人单位对职业（岗位）能力及其发展趋势比较了解的优势，而且还可以发挥出教师在教育教学领域中对问题进行理性思考的特长。

3 构建课程体系

构建课程体系是指将各个理论知识和技术技巧培训模块按照其性质、功能内容以及彼此之间的内在关系进行综合，建立一个课程门类，并按照人才培养标准来对各个模块的教学内容进行深度、广度以及技术技能熟练程度的划分，完成课程体系的初步搭建，然后按照实践教学、理论教学及与之有关的教育活动每个模块的结构、性质、功能框架、内容以及先后之间的内在联系来进行分析，展开总体优化设计，在构建出相关的课程体系的同时，还可以对课程文件进行编写。课程文件是指在确定了教学计划之后，各个阶段的工作和工作成果组合在一起而形成的最后结果。课程文件至少应该包含下列要素：本课程的总体架构，以及各模块间的相互关系；各学科的目标和特定的标准；课程的执行条件和教学策略；对课程执行效果的评估计划等。这一步骤实际上是通过教学模块的形式，将教学目标及人才培养标准具体化，是高等职业技术学院的特点。构建课程设置和课程体系的工作，在很大程度上是要依赖于教学管理有关部门和当课教师来进行的，这样才能更好地发挥他们对教育规律的掌控能力。但是，要积极地组织广大教师对高职教育进行深刻的研究，尤其是要进行思想观念的转变，要做到科学、合理地进行课程的设计，这一点非常重要。

该方式是从 DACUM（教学计划开发）的课程开发方式中发展而来的，该方式保持了原有的 DACUM 方式的精华，并且具有更高的可操作性，既从专业能力角度对课程进行了分类和设计，还将其他方面的能力和品质培养需求进行了融合，在注重技术应用能力培养的同时，还加强了素能本位。它突破了以学科体系和知识为中心的学科标准，为构建新的学科体系提供了便利，尤其是为构建综合性的课程，对各个学科的知识进行重组和交叉组合提供了便利。鉴于当前尚无更切合实际的课程发展模型，以 DACUM 的思想为基础，引入新的思想，探索一种适应于我国高等职业技术学院的课程建设方式，具有一定的实践价值。

要突破 DACUM 的局限性，使它在课程设计中更好地发挥作用。

第一，要扩大就业分析的范围：一是以工作流程为重点，对应当具备的专业（技术、业务）能力进行重点分析；二是从劳工组织的视角着重对其应该具备的社会性进行研究；三是从事业发展和变革的角度，对自身的综合素质进行全面的剖析，并对其应该具备的（工作方式、工作方法）能力进行剖析。

第二，要拓展研究的领域：既要对专业技能进行研究，又要对非专业技能进行研究；既要对职业技能进行研究，又要对个体的素质进行研究。

第三，要在分析的方法上有所创新，由单一的行业分析和单一的专业分析，发展到行业群体和多个相关专业的综合分析；由静态到动态的转变。

第二节　高等职业教育课程体系的结构

课程体系结构是一个有机的整体，这个整体是一个专业课程的组织与安排、所设置的课程（这里主要指实施教育的科目）之间相互分工和相互配合（联系）的系统架构。其主要内容有：课程体系结构、课程属性、课程类型、课程层级。结构确定了其功能，而其功能又需要通过结构的优化来完成，这二者之间的交互作用就是形成了一种对课程体系进行优化的系统结构模式。

构建一个课程体系的系统结构模型，就是需要在对课程体系进行优化的过程中，展开以下两个方面的分析和研究：一是对本课程体系产生的大背景进行剖析，也就是本课程体系产生的时代背景、社会经济需要、学制学时限制，还有已经确定的培养目的与专业规范；二是对课程体系的内在结构进行剖析，包括课程体系结构、课程属性结构、课程类型结构、课程层级结构等，并在此基础上对各个课程的课程内容和学时进行合理的安排。以这些理论为依据，构建一个符合科学技术发展与社会需要，并具有最佳整体功能、结构合理、内容完备的专业系统。

一、课程体系的基本结构

（一）课程体系结构

根据所掌握的数据来观察，课程体系结构以专业纵深，也就是以 I 型为主，少数出现了纵条型，即 M 型和专业分支型（Y 型）。大部分的学者都表示，在高等职业教育工程类专业中，应该将 Y 型结构作为主要的结构，而在高等职业教育经贸类专业中，"M 型主体＋I 型层次"的结构是比较好的。理由如下：一是有利于最大限度地整合和使用学校教育资源；二是在实践中方便了对各学科的训练流程进行时间和空间上的分割；三是对一个学科开设若干个有共性的专门领域，既能提高毕业生的就业灵活性，又能使其在某种意义上得到充分发挥；四是有利于学分制和弹性学制在高校中的应用和实行。

（二）课程属性结构

从课程属性结构的观点来看，可以发现：人文型与科技型、理论型与实践型、传承型与创新型、必修型与选修型、显性型与隐性型、分科型与综合型、基础型与拓展型、本土化与国际化等多对类型所构成的课程属性结构问题，都是要进行全面考量的。总的来说，课程属性结构要以寻求和谐性、均衡性和适切性为目标，也就是要使各个类别中的课程属性结构能够搭配合理、相互支持，并体现出各自的特点。对和谐性、均衡性和适宜性的程度的掌握，要根据社会需要、学生的工作需要、学生的生活需要、学生的学习需要以及相应的培养目标来确定。

很多人才培养计划都使用了"一条线，两个体系"，其中，"一条线"指的是学生的技能运用，"两个体系"指的是实践教学课程体系。一些专业的培养计划还设计了一个素质培养体系，这其实是从课程属性结构的角度来加强了课程的作用。但是，也有一些人建议，要构建一个相对独立、相互联系、又相互交叉的理论教学体系和实践教学体系。在理论教学和实践教学之间，仅仅是从课程属性的主体上（以理论教学为主，还是以实践教学为主）展开的一种区分，它是培养学生技术运用能力的一对翅膀，贯穿全课程。

（三）课程类型结构

现有数据中可分为三种主要的课程类型结构：第一类是公共科目，专业科目；第二类是基础课、基础技术课、专业课；第三类是专业理论课、基础理论课、专业技术课。

第二类课程类型结构是将整个课程体系从纵向到横向分成了几个科目，这就导致了以下几个问题：一是学科种类多，许多学科的内容有重复性和交互性；二是层次较多，在学习完专业课之后，学生能够对基础课的位置和功能有更深层次的理解；三是因为这门课的学术性质，在讲授时必须要有一些系统的考量，这样会增加学生的学业压力，而且，这门课很少有适用性和适用性的表现，所以在讲授的内容上也很少有实际意义；四是教学环节的各个环节和内容彼此孤立，无法起到整体性的作用，造成了"只见树不见林"的局面。

第三类科目类别的架构忽略了以下两个要素：一是支撑专业技术的基础理论和专业理论分散在不同的学科，与技术的发展相适应，专业技术应用的基础理论和专业理论知识在横向上复合和纵向上交叉，在构建专业技术的过程中，对三种类型的知识体系进行了有选择性的再融合；二是从学科性质的结构来看，以培养学生的科技应用能力为主线，将其贯穿理论与实践两个方面，这样的划分不利于体现实践教学的特点，在实践教学系统中所设置的学科性质也很难表达。总之，作者主张，在课程的种类方面，应该按照第一种模式来建构。基于两个方面的考量：一是公用课程与专用课程在实践能力的培育方面具有各自的重点，公用课程包含了应届毕业生所必须具备的基础文化知识，并将这些知识纳入课程中，使学生能够逐渐提高口语表达能力、人机对话能力、英语对话与阅读能力、意志力、道德品质等方面的能力。专业课程主要是针对学生将来的工作能力进行的。在课程设置中，学生应掌握所要求的专业知识与技术，以提高学生在将来工作中的工作能力。二是从提升学科综合效能角度出发，在学科设置上，必须围绕科技运用能力的发展，立足于全局，统筹谋划。

（四）课程层次结构

本课程的内在架构包括三个层面：一是指在教学计划中所表现出来的专业取向的结构，这是指在某一学制期间，学生面临的专业领域的改变以及专业取向的选择（"宽基础，活模块"的课程结构）；二是所有学科按其特性（文化课、专业基础课、专业课）和按其基本内涵（知识能力、素质）划分学科的纵深（时间）和横深（空间）两个层面所形成的一种安排结合（"三段式"）；三是对一个或多个有关学科中特定的教学内容按照一定的方法和指导方针进行安排的组织（综合性学科中特定的教学内容组织）。高等职业院校的专业水平确定了高等职业院校课程的专业水平。这一定与高等职业教育在整个教育领域中的定位水平以及高等职业教育中的各类人才所处的教育水平和差别有着紧密的关系。

从高等职业教育的定位层次来看，高等职业教育属于一种类型（职业教育）的高级水平。这就要求高等职业院校的专业课程应该以大学本科专业的课程为基础，经过专业课程的学习，达到大学本科专业的专业技术要求。所以，高等职业教育的课程水平不应太低，而导致其达不到标准；但也不可太高，而超越其所能达到的程度，应使高校的课程更适合于学生的现实情况。

从职业院校学生的实际情况来看，职业院校的职业教育课程应该属于普通高校的专业课程，具有不同的层次和侧重点。根据对此进行的研究，在现在和将来的很长一段时间内，随着高等教育朝着普及的方向发展，高等职业教育要将拓宽公民接受高等教育的机会作为其主体，要为每一位愿意接受高等职业教育的公民提供适合他们的课程。其实，高等职业院校的毕业生有多种来源，他们的教育基础也是多层次的。这种基础有异（不同生源的学生在就业理论基础、技能基础和工作经历上存在差异）、目标多样、来源广泛、层次不同、需求多元的受教育者，就要求高等职业院校的专业设置要有一个合理的层次。在课程建设上，课程要具有多种层次，必须提供不同层次、不同侧重的课程。例如，为学生开设进修课程、职业技术培训课程，以及一些可以弥补学生在知识、技能和经验上所欠缺的部分的教育课程等。应当指出，每个级别的课程都应该反映出其基本特征，为学生将来的发展打下基础，为终身学习和终身教育打下坚实的基础。

二、课程体系的结构形态

（一）影响课程体系结构形态的因素

课程体系的结构形态指的是在特定的教育理念指引下，对课程体系进行建设（编写）所采用的规划方法和所确定的结构形式。有很多因素都会对课程体系结构形态产生影响。在这些因素之中，教育思想、专业设置和办学模式的影响是最直接的。

当教育目标仅仅面向就业职位时，教育目标与关注就业机会时的课程体系的结构形态不同。基于"专业技能"的课程体系的构造形式与基于"基本技能"的"专业技能建设"的构造形式也必然不同。

目前，有三种不同的专业设定口径：职业、职业群和技术。毋庸置疑，学科口径的宽度将在很大程度上决定学科体系的构造形式，学科的技术内容同样对学科的教学模式产生着重要的影响。

学校的办学方式是一种外部条件，它决定了一门学科的结构形式。目前，高等职业院校存在着"校本位""企业为本""产教结合"三种不同的办学模式。三种办学模式因其办学主体、教学资源、实施教学的主要地点和实施方法的不同，而在其课程体系的构造形式上也存在着一定的差别。另外，在教学过程中，教学技术运用的深度和广度等因素，都会对教学过程的组织形式造成一定的影响。从这一点可以看出，现行的高等职业院校的专业课程在构建形式上也存在着多样性。

（二）常见职业教育课程体系的结构形态

台湾职业教育家罗大涵认为，国际上职业教育的课程架构，大致可分为六种类型：单位职类型、职业群集型、阶梯训练型、统合型、职业发展型和概念统整型。[①]

单位职类型课程体系，指的是针对一个具体的行业需求而制定的一种专业课程，是通过运用专业能力和 DACUM 方法来设计的。

职业群集型课程体系，是指将具有类似工作性质的几种职业集中在一起，形

---

① 柴蓓蓓.信息时代下高等职业教育发展[M].长春：吉林出版集团股份有限公司，2020.

成一个职业群，对这个职业群中共有的基础知识和基本技能进行分析，并对各个职业的入门技术进行系统地进行整合。教学内容可划分为三个层面：群集共有知识、群集共有技术与技能、群集共有不同行业需要的特定基础知识与技能。

阶梯训练型课程系统是一种实施阶段式的教学方法，一种逐步走向专业化的课程体系的结构形式。在一般情况下，课程被划分为三个阶段：基础教育、专业基础教育和专业教育。该课程的组织形式适用于以行业集群或技术为依托的学科。

统合式课程体系是将两种基本的结构形式进行整合后形成的一种课程体系的结构形式。群集型和阶梯型混合是最为普遍的类型。这种课程体系一般以专业集群为基础，实行分级教育。目前，高等职业院校普遍采用该这种学模式。其教学方案是以职业聚集为基础，进行基础教育、专业基础教育和专业教育三个阶段的教学。一些教学方案在职业培训阶段划分出几个专门的方向，以增强针对性。

高职教育应该根据职业生涯发展的四个主要阶段来制定适合职业生涯发展的课程体系。这四个主要阶段分别为：职业认识、职业探索、职业定位、职业预备。这一模式与个体职业的发展轨迹相吻合，对个体的成长和发展有利，同时，其更注重终身学习，注重知识和技能结构的合理。在快速更新知识和技能的过程中，职业发展型课程体系的应用领域是非常广泛的。在这个领域中，专业的基础是非常稳固的，如信息技术类的专业。

概念统整型课程体系着重于用一个完整的概念来代替对学生进行零散的知识教导，并根据科技发展过程、科技领域和科技要素来建立课程的架构。它的特色表现在：注重对基础概念与综合知识的教育，注重对学生对核心知识和技能的掌握，特别注重对学科发展的研究方法和技术的关注。

其实，在高等职业教育中，并不仅仅只有以上这些形式。目前，有许多学校和学者已经给出了其他的几种模型，如"X+1"模块化的以能力训练为核心的课程体系的构造形式，其中"X"是多个专业技能模块，"1"是综合素养课程，再比如"问题——方法"课程的构造形式，让学生形成 T 形的知识架构，从而实现"面广技精"，再比如以"以项目和成果为核心"的课程体系的结构形式，以及"基础（必修）板块＋拓展（选修）板块"的课程体系的结构形式。每种模型都有各自的角度，也有各自的特色，都不乏新颖之处。在当前，在高职技术教育的专业设置的基础上，在专业的技术内涵已经趋于多元化的情况下，将教学实践限制在一种课程体系的结构形式中，并不利于提升高等职业教育的教学质量。

（三）两种典型的课程体系的结构形态

1. "递级平台＋方向模块"的课程体系的结构形态

这个课程系统的架构形式是：将几个专业整合为一个专业群，或者将几个职业整合为一个职业群，或者将一项职业中的几个职位（职位群）整合为一个大类的专业，统称为专业群集。在此专业集群中，基于其所具备的基础性、共性的知识与技能，通过对其进行组合设计，可以让学生同时获取多个专业（职业、岗位）的知识和技术，从而使学生可以随着劳动力市场的发展而改变职业和工种，从而提高了学生的择业自由度，提高了其就业的灵活性与适应性。在集群中，学生选择与之对应的职业或继续学习的大平台的共同部分，包含了各个专业或专业方向所需要的共同知识和共同技能，是基于对各专业或各专业方向所需要的基础课、技术基础课和专业课的教学内容的重新定义、整合、取舍和扩大而构成的，并在此基础上，形成的一种具有一般意义的课程。其需要以职业分析为起点，整合原来的专业领域的内容，消除原来的各专业课程的边界，并将其作为一个目标，以提高学生的崭新的思路和视野、全面的知识和技能以及综合的分析和解决问题的能力和方法为目标，在确保知识的完整性、系统性、前瞻性和能力的基础性、延展性的前提下，使学生有更多的工作创造力和对社会的适应能力，同时，也使学生有更多的自我提高和再就业能力。方向模组是一个专业或一个专业领域所特有的知识与技能，是学生特长、社会需求、学校和专业特色和优势的集中反映，对就业的针对性和灵活性提出了更高要求，为毕业生走上工作岗位做好实践准备。

所有的课程都是阶梯式递进的，不管是哪一步，都是围绕着从广泛到精细、由浅入深的职业实践活动展开的。为了保证课程具有科学性和相对稳定性，在设计过程中，第一步就是要对职业门类进行研究，将一个或几个社会职业归纳为一个职业群，找到具有共性的不同职业，并将其组合为对应的专业群，以此为基础，对其所需要的公共知识和技术以及各自的特殊知识和技术进行分析，并以此为依据，进行课程的设置、教材的编制和教学方案的编制。通过这种方式，不仅能够清晰地区分出支持这个职业的知识和技能，还能够对邻近的社会职业进行技能和知识连接，从而为确定社会职业的分类和职业群打下坚实的基础，还能够为建立一个课程体系提供一个依据。随着科技的进步和产业结构的持续改变，社会上的职业呈现出了一种复合型的发展态势。很多传统的职业在慢慢地消亡，而新兴的和交叉的职业却在不断地涌现出来，这在一定程度上也就意味着，职业教育的课程体系的建构要与经济的发展动力保持一致。平台是保障对人才培养的基础规范和水平的需求，是指对各学科（专业）所具有的一般知识所形成的一系列课程。模组以各学科为主体，以实现各学科的人才流动和培养为主体，以反映各学科的特点为主体。课程有必修课和选修课两类，必修课包括：公共基础平台课程、学科基础平台课程、专业基础平台课程，选修课包括专业方向模块课程和任意选修课。

（1）公共基础平台课程

公共基础平台课程主要包括思想道德素质、身体与心理素质、基础知识与能力类课程（如英语、计算机基础、数学、物理及实验、化学及实验、语文等）。该平台作为通识教育基础，对全体专业群集学生统一实施分层次教学，使学生掌握作为一名高素质大学生必须具备的基本知识和技能，为其下一阶段进行专业学习打下基础。

（2）学科基础平台课程

学科基础平台课程主要包括学科基础课、学科主干课、跨学科课程等。这一平台主要是拓宽学生的专业基础范围，增强学生适应性。

（3）专业基础平台课程

专业基础平台课程主要为专业基础课（含专业英语）及必要的实践环节等。

以上三类课程通常作为学生必须修读的课程。

（4）专业方向模块课程

模块主要体现人才的分流培养，课程包括必要的专业基础课、专业课、专业实习、毕业实习、毕业设计（论文）等。每一个专业通常都有3个以上的专业方向模块。在此基础上，学生要以社会的需要和个人的发展为基础，最少要选择

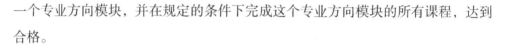

一个专业方向模块，并在规定的条件下完成这个专业方向模块的所有课程，达到合格。

（5）任意选修课

任意选修课包括公共选修课、跨专业选修课、专业选修课、素质教育系列课等，体现不同学科的交叉和渗透，同时进一步扩大学生的知识面。

（6）实践教学环节

实践教学环节主要包括实验、实习、社会实践、公益劳动、课程设计、毕业设计（论文）、科技研究活动、第二课堂等。

2. "模块化 + 多元整合"的课程体系的结构形态

这种课程体系的结构形态是将课程架构模块化。"模块化"是指为适应专业（或专业群、职业群、大类专业）设置，根据知识、能力、素质结构所设计的课程架构下的单元，以及以职业资格为导向设置多样化的项目单元等（或简称为基本模块）。"多元"是指各种课程取适用于该专业"之长"的体系结构、属性结构、类型结构、层次结构的部分形态。"整合"是指以已经比较成熟的专业课程的构造形式（或称"主干模型"）为依据，通过将其进行融合、合并、重叠，形成一种灵活、实用的新型职业教育专业的构造形式。

"模块化 + 多元整合"的架构更适合学科一体化和转型期的需要。所谓的专业合并和分流，就是将已有的专业进行合并和重新组合，建立几个专业群（大专业），在每个专业群中又设有几个子专业（小专业）。在招收学生的时候，学校按照各大专业来招收学生，让学生先要进行1—2年的普通课程学习，之后根据市场的需要和对人才的需要，对各专业进行进一步的分类，从而明确该专业的未来发展趋势，并开设专门化课程。由于在专业的设置上，计划经济时期一直主张专业应分得细些，对于学生走向工作岗位、尽快进入工作角色有很大的帮助，也可使学生在专业上有一种归属感；在20世纪80年代中后期至20世纪90年代中期，占主导地位的主张是专业应分得较粗略，涵盖面要宽些，这样能使学生更好地适应社会的要求，对学生的就业、工作机会的把握有好处。近几年来，一方面，由于在市场经济条件下，行业结构变化周期越来越短，人才市场预测的难度越来越大；另一方面，由于市场和技术的激烈竞争导致对技术和岗位的细化，因此，企业对从业人员的要求越来越专业，由此导致高职的专业设置越来越粗，而专业方向重新出现越分越细的趋势，但是，在课程体系上是无法回避专业课的设置问题的。现行的课程设置不得不考虑如何具有更宽的专业面向以及相应的知识和技能面，又不得不考虑特定专业或岗位如何面向以及相应的知识和技能细分。

任何课程体系的结构形态都不是一成不变的，只是在一定时期或阶段内反映了社会经济发展的需要、高职教育发展水平、高职教育理论研究与具体实践的现状等部分因素。在高等职业教育中，存在着许多限制条件，所以，在高等职业教育体系中，存在着多种动力其中最重要的是学生个性发展、基础教育发展、教育层次高移、学校竞争等，这些动力都在促进着课程发展和课程观念的变化。此外，在某些情况下，由来自外界的多种因素（经济改革、技术进步以及社会发展等），也会变成推动课程体系改变的重要动力。所以，不仅高等职业院校的课程多种多样；而且，伴随着每一种约束条件的改变，它的模式也一定会发生很大的改变。与其他类型的教育课程比较起来，高等职业院校的课程体系的结构形态需要具有很大的应变性。

应变能力主要是为了满足实际需要而发生的。高等职业院校的课程体系的构建形式必须与许多实际需要相匹配，方能产生实效。例如，为了与发展高技术产业的战略相匹配，高等职业院校的课程体系的结构形式要逐渐地从低重心的模式转变过来，要向更高水平的方向发展；与此同时，课程要成为强化文化科技基础、专业理论基础的元素，也就是进行一些智力的改变，来满足发展高水平职业教育的需求。在这一过程中，高等职业教育既要在结构形式上转变内容构成，又要在观念、结构等方面进行相应的调整和变化。同时，这对高等职业院校各类专业的适应能力提出了更高的要求，使其具有更强的可操作性。在此过程中，课程的模块化倾向体现出了此应变特征。

"多元整合"也包含了对课程体系的横向和纵向两个层面。例如，在课程观上的多元整合——多元互补、博采众长，构建以综合技术能力为导向的现代职业教育课程观。"知识""技能""态度"三大因素的多种综合是对当代高等职业教育的一个重要的理论和实践基础。在课程体系上实现了多种形式的一体化，如阶段化、综合化、灵活性、个性化等。

课程结构的综合化表现在：对课程的社会需求分析并不局限于某个专业的职位，也不局限于一个专业的专业群体，而是可以按照培养的目标来进行，有的时候它是面向岗位的，有的时候它是面向职业的，有的时候它是面向全行业的。在保证课程目标有一个清晰的职业方向（以培养任职能力为导向）的条件下，吸收各类课程体系的结构形式的优点，从而达到课程结构的综合化和实施课程内容的综合化（通过课程的综合，提升课程设置的效益）。

课程结构的柔性化具体体现在：一是课程在体系、属性、类型、层次上的柔性。由于课程架构的模块化，课程虽然服从于"主体模式"，但它的外在表现形式实际上是一个或若干个基本模块的组合，面向专业的知识、技能与活动等组成的教学单元，或是课程体系中的一个特定的功能模块，在课程体系中往往没有属性、类型、层次上的刚性指向。二是基本模块是涵盖了一个职业群中的几个甚至更多的职业所对应的"大模块"下的部分，或者说课程只是相对于课程体系的一个较小的模块化的架构。由"基本模块"组合成课程的设置环节，可只进行"课程组合策略设计"和"教学策略设计"，使课程设置具有多样性和灵活性，以便学校根据市场需求的变化灵活组合，供学生根据个性特点和未来需求自由选择。

课程结构的阶段化具体体现在：因为课程采用了模块化的结合方式，所以可以让教学过程按照阶段化的方式来安排（按基础—定向—专业长逐步实施），并可以实现学生学习方向的个性化（变被动学习为主动个性化学习）。相应地，在教育政策上，实行以学生为中心的"项目制"和"教与做结合"的教育模式，并实行基于完整学分制的灵活的学习模式，从而保证课程体系的灵活性。

在实现"模块化＋多元集成"课程体系的结构形态时，存在着一定的困难，需要满足几个必要条件，如将教学制度改为学年制，将教学计划的个体化与个体化课程相统一，改进与之相适应的教育方式与改善，改进教育工具，高素质的师资配置等。

第三节　高等职业教育课程内容体系

课程内容体系是由知识、能力和素质三个基本要素组成的，或者说是由知识、能力和素质结构转化为可实施的教学内容体系。课程内容三要素的各自含义与比例存在差异，从而构成了不同教育类型课程的差异性特征，而课程内容各要素广度和深度的差异性则构成了相同教育类型的不同层级。

一、课程的内容与结构设计

课程内容是对知识、能力培养的规定性或定向性的选择，而对素质的培养只是教育者的一种意向性和规划性的选择。课程体系也可以看成是理论知识、技术和技能训练的各种模块，以及与各种模块相关的结构、性质、功能、框架的集合。而高等职业教育课程内容的结构设计不仅反映了人才培养目标和业务规格的要求是设置课程的基础，还决定了教育教学模式和教育教学活动的方式。

（一）知识、技术和技能的选择

1.知识的选择

相关学者将知识划分为了两类，分别是陈述性知识和程序性知识。陈述性知识是指从外界获得的对客观事物的认识和认知，是人类大脑对客观事物和认知之间关系的一种映射，是一种以认知和记忆为基础的认知过程。陈述性的知识通常用于说明问题中的"是什么"或者"为什么"。这种认识被称为理论性的认识。程序知识来自于学生自身的行为，是学生通过反复练习获得的。其中，程序知识以"怎么办"和"如何做"为主，是一种体验式的认识，属于改造世界、改造事物和改造人的行动的认识，其客体是人的实际行动。在更广泛的意义上，人们对事物进行改造和有效地开展工作的认识也被称为"技术认识"。程序知识按其存在形式可划分为两种类型。第一种是以技术形式存在的程序知识，也就是所谓的"技术知识"。这些知识是一系列清楚地表达出来的技术规律，这些规律是可以用语言来表达的，它们是可以在书籍中找到的，也是可以用实验来检验的。第二种是"实务式的过程型知识",即"实务式的知识"（也可称作"倾向式的知识""默会知识"等）。这种知识无法用一组清晰的规律来表述，是无法用语言表达的，只能通过实践的方法进行表演或展示，体现在对前两类知识的创造、学习和运用的水平上。可说明的技术知识通常指的是成熟的、规范化的知识，而实践的知识则指的是在获得了一定的客观技术知识的前提下，结合个人经验、本土文化及人文知识等，从而形成的一种个人性质的知识。

这种知识观的差异主要体现在：以程序为重点，侧重于实务和应用性；以陈述性为重点，侧重于理论性和基本性。在加拿大、英国和美国的高职教育观念中，程序型知识更贴近于专业范畴，而陈述型知识则更贴近于专业范畴。中国的职业教育对陈述性知识最为重视。人们认为，陈述性知识是最基本的知识，也就是有关基本概念、基本事实、基本原理的知识，从这些基本知识中，可以演绎和推导出其他一系列的知识。尽管难以对陈述性知识与专业训练之间的关系作出判断，但是，这种认识帮助人们增强了他们的了解和分析技巧，从而为他们的学习和掌握知识提供了依据，并为他们的能力发展奠定坚实的基础。

2. 技术的选择

初期的技术大多来源于实际的生产和工作经历，经过长时间的练习才能形成，所以，这些技术可以被称为经验性的技术。在产业革命之后，产品的复杂程度和精度得到了进一步的提升，同时还得到了更多的产量，这就导致了在生产现场，人们需要应用科学原理来展开产品的制造和生产管理工作，因此就产生了技术的科学化，进而构成了理论技术。所谓理论技术，就是人们有意识地运用和建立在这些科学原则之上的技术。

"理论技术"的产生意味着技术的内容发生了质的变化，也意味着技术层次的提高。然而，理论技巧与实践技巧之间并没有相互排除，它们之间存在着相互补充的关系。毋庸置疑，本书中提到的理论技能对于技术型人才来说是必不可少的，是一种技术应用能力，而不是仅仅依靠理论知识。技术知识可以划分为两种类型，一种是有形表达的目标技术知识，另一种是无声表达的实际应用知识。但是，目前，我国高等职业技术学院的教学内容以客观性为主，因此，不管是在思想上，还是在实际操作上，都出现了把高等职业技术学院的教学方法与客观性技术知识相结合的趋势。不可否认，在高等职业教育的过程中，客观技术知识占据着非常关键的位置。但是，在高等职业教育的过程中，仅仅拥有客观技术知识并不足够，根据高等职业教育的培养目的以及学生的发展状况，在一定程度上，带有个体特点的经验知识要比客观技术知识更加重要，它能够更好地反映出高等职业教育课程的特点。所以，要对单纯的技术知识进行突破，要从重视单一的技术知识转变到重视将客观技术知识与实践知识相结合，将实践知识真正地融入高等职业教育课程之中，这应该是目前高等职业教育课程建设中，在课程知识的选择和组织问题上的一个重要的努力目标。"技工"技能的培养离不开必要的理论知识与技能。就像一些学者所说的那样，如果不了解 CNC 数控加工的原理以及机械、电气、传感器等相关理论，又如何去训练 CNC 设备的编程、调试、维护等实际技能？

3. 技能的选择

在特定的工作中，人们所需要使用的技能是一种持续的复合。但是，技能的类型是主要的问题，造成了工作活动的职责、任务和性质的不同。因此，在教学过程中，技能这个因素往往起着决定作用。由于技能在科目上的不同，也是造成高职和技术院校之间不同性质的重要原因。在高等职业院校进行新一轮的教学改革中，正确理解"技术主导"的特征具有很强的理论和实践价值。

从教学心理学的观点来看，技能实质上就是一套对人的行为进行控制的操作程序，包含了两个部分：一是外显的身体活动（动作技能），二是内部的思维活动（智力技能）。这两个部分都属于程序性知识概念的范畴。根据通常的国际分类，能力被分成两类：行动能力和智慧能力。近年来，英国教育学专家罗米索斯基又从不同的视角，将学生的学习能力分成再生能力和创新能力两大类。再生型技术以其技术行为的重复性和可变性为特点，表现为一种一成不变的操作模式。而创新能力则是指在进行技术活动时，需要进行规划，并利用一定的理论或战略作出决策，并且在完成工作时具有较强的灵活性和适应性。结果表明，再生性技术的重要性随技术等级的增加而降低，而创新智能技术的重要性则呈上升趋势。与此同时，诸如计算机这样的高科技装备的问世，也使得人们在制造和使用方面对创意知识的需求越来越大。

高等职业技术人才培养目标大多是高等技术人才，因此，创新智能能力在人才培养中占有重要的地位。为此，应在教学大纲中增加创新智能技巧的教学内容。在实验教学中，要重视学生的创新实验能力的培养（设计性实验，排除障碍）；在毕业设计过程中，要尽可能选择真实的主题，加强创新智能能力的培养；在一些学科中，应该减少对生成性智能的培养，如对高数的求导、积分等运算进行的学习。学生应花更多的时间来培养对现实问题的建模。当对技术人才应该具备的基本技能进行重点阐述时，不但要将高等职业教育从中等职业教育和职业培训的技能属性上区分出来，而且要防止在强化技能培训的正确需求下，出现技能培训的错位（这个问题在目前的高职教育中已有），其根本目的是为科技应用类人才的创造奠定坚实的基础。

（二）课程内容结构设计模式

在当前的高等职业教育课程中，以理论教学内容与实践教学内容之间的融合方式和融合程度为依据，可以将高等职业教育课程内容结构设计粗略地分为交替型、准备型、渗透型和双元型四种从低至高的整合模式。

强化"能力为本位"的课程观、加大实践教学环节的历史背景下，我国高等职业教育界提出了"一条线、两个体系"的课程内容结构设计的双元型整合模式。即一条线以技术应用能力为主线，两个体系为理论教学体系和实践教学体系，有些专业培养方案还设置了素质养成体系。双元型整合模式在主观上强化了职业能力的培养，但在客观上容易出现理论教学与实践教学不融合的现象，形成理论教学体系与实践教学体系的"二元化"。

美国、加拿大、德国等国家的社区学院的课程内容结构设计，一般是建立在"合作教育"人才培养模式基础上的，大多数采取的是渗透型整合模式或交替型整合模式。德国在"双元制"培养模式下，"一年三学期工学交替"的教学制度决定了其在课程内容结构设计上采取以交替型为主的整合模式。这些学院并不刻意配置大而全的学生实习场所，只配基本的实验、实训设备，学院实施的大多数课程是理论与实践一体化的，实践教学渗透在课程教学之中，即使是以理论教学为主的课程也渗透了相关的技术、技能训练；每学期均安排定向的专业实践活动；实践教学主要在行业和企业进行，并渗透必要的理论知识和技术学习；专业课程一般由企业的兼职教师、专业技术人员任教。

我国许多高等职业院校在实施合作教育模式方面也做了大量的、卓有成效的尝试，这些合作教育模式的基本特征是学习与工作相结合，即学生每学年经过一个阶段的学校系统学习后，以"职业人"的身份主动到校外顶（定）岗工作，并结合工作需要进行自学。在课程内容结构设计上，也相应汲透了渗透型整合模式和交替型整合模式的某些长处。

高等职业教育的课程内容和结构设计最能体现人才培养的应用性特色，理应受到重视。随着高等职业教育教学改革的进一步深入，形成了一批理论上有突破、实践上有创新的，适合我国国情的高等职业教育课程内容和结构设计模式。例如，南通纺织职业技术学院初步形成的"产学研"相结合、"教学做"合一的技术应用能力培养模式，改变了理论教学和实践教学分离的局面，努力做到了理论教学与实践教学相结合，专业技能与技术应用相结合，实践教学与科技开发相结合，形成与理论教学和实践教学相互融合的教学体系，在更高的层次上实现理论与实践教学的一体化。

高等职业课程内容的结构设计模式倡导理论与实践并重的原则，根据讲究实效、讲究需要和可行性，淡化理论与实践教学之间的界线，用缜密设计、精心组织的方式，将各种实践教学活动落实到位；在课程设置上，有必修课、选修课以及多种方式的教育实践课；在教学内容和教学体系的整体性上，注重理论课所覆盖的知识点的次序；实践教育课程（环节）应该在整个专业教育过程中都进行贯彻，并与理论教育体系密切结合，相互交叉、互相弥补、互相渗透、互相促进；技能培训的课程（环节）在总体安排上，从简单到复杂，从单一到综合，从操作技能到心智技能。

二、高等职业教育的课程内容的特征

与一般高等教育的课程内容相比，高等职业教育各个专业的培养目标和业务规格要求直接以工作岗位或岗位群为导向，力求让培养出来的学员能够满足直接上岗、顶岗的需要，这就是高职毕业生的优势和竞争力之处。由于高等职业教育的特殊性和专业性质，使高等职业教育的教学与一般的教学相比，具有不同的教学形式和教学水平，具有鲜明的标志性特征，反映出了高等职业教育的特点。

（一）课程内容的定向性

高等职业院校是以就业为主要目标的一种学校，是所有学校中最贴近社会，与经济建设联系最为紧密的一种学校。高等职业院校肩负着把科技成果转化为实际生产力，对人力资源进行开发，以及对工人进行素质提升的重大使命。高等职业院校的课程目标具有鲜明的职业取向，这就决定了高等职业院校的教学要面向的是学生在学习过程中需要掌握的知识、技能和态度。换言之，高等职业院校的课程内容三个因素的设计，一定要以受教育目标的就业需求为首要目标。

高等职业院校作为一个以各个行业的技术为主导的专业，技术能力的获取就成了它的一个关键。在建立高等职业院校的课程体系时，应该以技术能力的形成和对学生的综合素质的培养为主要目标，而学生的现场解决技术问题的能力以及学生必须掌握的相关技能是高等职业院校的课程内容三要素的核心。因此，在高等职业院校的教学内容中，不但是技能占据了很大的比重，同时，对知识和品质的选择和安排往往也会受到技能需求的影响。

综上所述，高等职业院校与其他类型的职业技术学院不同的一个重要特征就是它在三大学科中所占的独特位置。

"加强技术培训"这一改革需求并没有问题，但是加强哪方面的技术培训，对于各类高等职业院校来说，应该区别对待。在进行技术类人员的技能培训时，高等职业院校不能仅仅停留在再生性操作技能的培训上，也不能花费太多的精力在技工等级证书的考取上，而应该以一定的再生性动作技能为前提，重点培养创造力的动作技能和智力技能。这样，就不会使教学内容与人才培养目的背离。这就需要高等职业院校的教学既要重视实训，又要重视实习，同时还要重视实验。

当然，高等职业教育具有智力技能主导的特征，但这并不意味着，在高等职业教育中，技能才是最重要的，或是说，学生拥有了技能就一切都好了。对"技能本位"的偏颇也是对高职技术人才培养目标的偏颇。在高等职业院校的教学内容中，知识和质量是不可或缺的两个因素。所以，技术和品质的培养必须与知识的积累相结合。因此，在重视技能引导的同时，高等职业学校不能只注重职业技能，忽略知识获取，在对知识性问题的研究中，还应注重应用性特征，避开一般高校中的陈规旧习。

由于社会的劳动分工，高等职业教育的教学内容具有技术取向（非学术、非工程、非技术）的特点。特别是在知识经济快速发展的今天，随着高科技的不断发展，对技术性劳动的需求不断增加，它的地位和功能也变得更加突出，这就构成了这类新型人才规模培养的需要和条件。在高等职业教育的知识领域，应该对基础理论、专业理论与专业技术知识之间的比重进行合理的确定，应该将重点放在专业技术知识上，把握好基础理论、专业理论（技术原理）技术方向性，这样才有自己的特点；在人才素质上，要突出合作精神、创新精神和开拓精神，特别要重视对企业家精神的培育。

（二）课程内容的适用性

因为高等职业教育具有专向性、直接性等根本特征，这就要求高等职业教育的课程内容必须与当时、当地所属的特定行业、职业的要求相适应，也就是说，对知识、技能、素质培养等方面的要求既合适又实用。在高等职业教育中，在教学内容的选择上，要突出应用性（适于、实用）的价值导向。高等职业教育应该"眼睛向外"，立足于劳动力市场的现实需求，根据工作岗位的需求来实施。这样做，既非"短视"，亦非"实用主义"，而是把握了高等职业教育的根本特点，是要把高等职业教育办成一件实实在在的事情。

"适宜"指的是与现实需求相适应，"实用"指的是能够运用于实践。高等职业院校所教授的专业知识和学习方法，不应该落伍，也不应该脱离实际。在学科建设上，高等职业院校不仅要把握学科的发展取向，还要具备一定的可拓展性。

高等职业技术院校人才培养目的的确定，决定了高等职业技术院校在教学过程中，在对各类知识进行选取和整合时，必然表现出应用性的特征。从专业教育中文化基础课、专业技术课和专业课的格式来观察，它与知识掌握的规律相一致，特别是专门化课程内容的选择上，要体现某一行业或职业的岗位要求，使培养出来的学生具备岗位所必需的基本知识和比较熟练的技术。但是，高等职业教育课程和所选的知识应是适当的、切合实际的，它的指导原则是：要以生产或服务的实际需求为基础，注重偏向于现成的、实用的技术与标准的经验知识的获取，并注重对实际工作中的知识的体验；只重视对有关理论知识的应用，而不重视对它们的推理；强调全面应用知识。

与此同时，高等职业教育的课程内容还必须考虑学生对职业的适应性。究其原因，主要在于科技的快速发展，使得知识的更新周期缩短；社会岗位的变动速度也在加快，工作岗位的变动更为频繁，人们的流动性也更大，因此，他们需要具备与不同工作岗位相适应的能力。高等职业技术人员处在企业的最前线，他们所面临的问题往往不只是单一的技术问题，更多的是一系列的综合问题。这就对课程设置和教学内容提出了一定的要求，不能过于专注于某一方面，也不能过于细致，要始终维持一种开放的、动态的结构，要能够随时跟踪到有关领域技术发展的最新动态，要能够及时地掌握社会职业岗位的变化对学生的能力和素质的需求，从而让高等职业教育培养出来的人才能够与时代发展的需求相适应。在进入工作岗位之后，学生要与时代发展、职业的变化和社会工作的需求保持同步，还要适当地扩大学生的知识范围，从而可以满足可持续发展、接受再教育的需求。因此，不能将某些过窄和过于具体的工作岗位作为目标。当然，这个适应只是在一个特定的行业中的适应，并不需要在一个过于广阔的领域中打下坚实的基础，更广阔的适应应该通过在毕业后的持续学习来实现。专向性和适应性是一对矛盾，而"一专多能"或"一精多能"的高等职业教育的课程内容能使其得到有机统一。

（三）课程内容的层次性

高等职业教育首先属于高等教育层次，一般是指在高中基础上进行的学历教育。但从本质上讲，高等职业教育不是淘汰教育、精英教育，而是成功的教育、普及的教育；高等职业教育应满足高等教育的基本需求，满足社会对人才的需求。但是，我们也要看到，在职业教育中，职业教育的人才水平也是相对较宽的，不仅对职业教育中的人才水平进行了划分，而且对职业教育中的职业教育也进行了划分。在高等职业教育中，"高层次"的教学内容首先最突出地表现在以科学原则指导生产和生产经营的要求上。其次，反映在高科技装备的生产与运用上，都要求有创意的智慧技巧。这一类型的人才在知识、技能和素质上都可以达到一定程度，达到了一定程度，可以使他们在相关的工作岗位上进行高效率的工作。对于一定程度的复杂工作，他们具有良好的精神素质，可以胜任一定程度的复杂工作，"下得去，用得上，留得住"是他们最显著的特征。

（四）课程内容的适度性

在高等职业教育课程内容上，正确把握基础理论的"必需、够用"之度，这既是课程改革的主要方向之一，又是改革过程中争议的焦点之一。

基础理论包括公共课和专业基础理论。"必需、够用"强调了高等职业教育对基础理论的基本要求，即必须达到"必需、够用"才行。一方面，这是高等职业教育的高等教育属性的要求，必须满足提高学生文化素质对培养学生一般能力的需要。公共课能帮助学生树立科学的世界观，培养他们的思想政治素质、业务素质和身心素质，能为学生进一步学习奠定基础，是培养学生形成知识更新能力的重要课程。公共课在一定程度上具有为专业服务的功能。另一方面，这也是学生综合职业能力培养和岗位适应性的需要。关键能力是一种跨职业的，在职业生涯中起关键作用的综合能力，包括专业能力、方法能力、社会能力。专业基础理论是形成专业能力和学习相近专业的基础，劳动者的方法能力、社会能力主要通过基础理论来培养。只有具备必需、够用的基础理论，才能增强学生岗位适应性。基础理论具有相对稳定性，又使学生对于"必需、够用"度的掌握成为可能。

"必需、够用"反映了高等职业教育对基础理论要求的最高限度，即达到"必需、够用"要求即可。这主要是因为职业教育的特殊性，即侧重于对一些成熟技术和管理规范的应用，其培养人才以技术应用能力见长，因此，高等职业教育必须以应用为基调，以技术应用能力为主线来设计教学内容体系。高等职业教育的课程体系一般都是建立在专业集群之上的。实践教学在高等职业教学计划中占有相当的比例，加之学制的限制，基础理论教学只能以应用为目的，以"必需、够用"为度。即使是大学本科，也不应盲目讲理论，同样存在"必需、够用"的问题，必须注意和防止出现两种倾向：一是教学轻视基础理论知识，急功近利、实用主义的倾向。二是教学重理论、轻实践，走学科化道路的倾向。高等职业教育要努力寻求传授知识与培养能力的最佳结合点，优化课程内容体系，体现高等职业教育的特色。

三、高等职业教育课程内容的整合

美国学者爱德林与罗林于 1996 年提出了一套适合于知识型社会的专业教学大纲，并提出了与专业教学大纲相结合的教学大纲。这个系统由三个部分组成：一是知识、技巧和态度的核心是基于工业领域，二是广泛地应用知识、态度和技能，它是基于专业群体的，三是专业技能和应用知识、技能和态度，根据特定的工作职位而定的。另外，大学里的研究也可以与工作里的研究结合起来。

目前，我国高等职业教育的"综合"主要有两条路可走：一条路是把各专业之间存在着内部关联的知识进行有机结合，构成一种全新的课程，称为"综合课程"；另一条路是将几个相近的科目的知识进行整合，构成一种综合的科目，称为"宽领域课程"。而同一学科内的内容整合后的课程，称为重组课程。我国许多高等职业教育院校借鉴了美国爱德林和罗林的职业教育课程整合系统的设计方法，在深入研究和广泛实践的基础上，总结出了很有参考价值的 6 种高等职业教育课程的综合模式。

（一）高等职业教育课程内容的综合模式

1. 技术模块化的综合模式

这种课程的综合模式的基本思路是：以大类专业课程群为基础，按制造产品的主要工序技术模块或制造产品的主要相关领域的技术模块为主线，将所有的课程（或专业）整合成开放式的或闭合式的链状课程模块。例如，南京工程学院机械工程学院的机械制造专业在教学改革中，将所有专业课程整合为基础、设计、制造、检测、控制五个专门课程模块。其中，设计模块将机械类专业的机械制图、公差与配合、理论力学、材料力学、机械原理、机械零件、机床设计和模具设计等八门课程整合为三门课程；控制模块将机械设备中有控制技术方面的凸轮控制、液压与气动控制、PLC 控制、传感器技术和计算机控制技术等综合为一门课，同时开设了专门综合实验周等。这种课程的综合突出强调了知识的内在联系，强调了理论与实践的统一，避免了不必要的重复，打破了每门课程自成体系的习惯方法。

2.技术领域知识结构综合模式

该模型有两个重要的前提：一是属于同一技术领域。二是每一个章节都是围绕着一个被探究的问题而展开的。找到这一客观性的主干，并根据它的规律性进行整合，就成了解决问题的关键所在。

3.核心技术综合模式

这是一种以岗位群中的具体工作岗位的专门技术，或以核心技术为基础的课程综合模式。这种整合模式多对专业技术课综合而言。这样的教学模式以技术为主，教学内容相互衔接，能有效地促进学生的学习，从而使其在教学中发挥更大作用。

高等职业教育的特色之一是教学内容体现了对职业岗位群的针对性。分析岗位群工作范围和技术领域，可以把专业技术范畴的工作分为若干核心技术，每一项核心技术包含了一定范围的专业知识和能力要求，与岗位有一定的对应关系。例如，南通纺织职业技术学院的现代纺织技术专业在进行专业方向的课程综合时，把纺织企业的现场管理分解为四个主要岗位：生产技术管理，包括生产组织、运转操作管理、计划调度、工艺调整等工作范围内的核心技术；设备技术管理，包括设备调配、设备维护、设备检修等工作范围内的核心技术；质量管理，包括质量分析、质量控制等工作范围内的核心技术；产品开发，包括市场调研、产品设计、产品分析、生产试验等。该学院以这些岗位工作范围内的核心技术为主体，分别地综合为一门专门化的新课程。这样的结合可以让学生能够更好地将该技术所需要的教学内容全部学习完毕，从而更容易使学生获得围绕这项核心技术的综合技术应用能力，或者是能够有效地解决这项技术实际问题的能力。根据不同的条件，这样组成的课程既可以只包括理论性的内容，又可以包括理论性和实践性的内容。

4. 核心与支撑技术综合模式

在教学中，学生的学习经历了三个不同的过程，即"三段"的学习过程。"核心技术"指的是"学科"中的一个概念，而"学科"又离不开"核心技术"的支持，"学科"主要是"学科基础"。而"核心和支持技术"的合成，就是在传统的概念中，将专业技术课程和所需要的专业基础课程的有关内容进行合成。

当前，许多学者对突破"三阶段"框架的可行性、利弊进行了探索，并获得了一些可喜的结果。要突破三段式的架构，提倡专业课与专业基础课的融合，所需专业基础课融入其间，构成公共课和专门课的两段式结构。人们对于三段式和两段式的长处和不足有不少的争论，也有不同的观点。例如，两段式结构的教学能使学生尽快进入专门课学习，更容易形成技术应用能力，也更容易通过对专业技术的学习，进而将对专业基础理论的理解进行强化和深化，这种观点在高等职业院校已被广泛接受。

在进行教学内容剪裁时，教师应根据教学内容在专门课的知识结构中的功能和性质，以不引导学生过多地去探索"为什么"，而是使他们懂得"是什么""怎么做"为原则，以"必需、够用"为度，以"黑箱""灰箱""白箱"三种不同的分类处理法，重点解决好输入和输出两个端口，形成与技术应用能力培养相呼应的、有机的、相融的综合系统，切忌机械地组合和拼凑。这种变革的难度较大，教材和教师的知识结构都要求与之适应。而当有的课程按此模式综合难度太大时，部分专业基础课程或其中的部分模块不妨仍然保持原状，即形成不太彻底的两段式结构。须知，两段式结构或三段式结构都是手段，而目的是实现培养目标，提高人才培养质量。

5. 学科交叉综合模式

在全国五年制高等职业教育试点的院校中，对公共课进行的较大幅度的改革是比较成功的。这些改革后的课程大多数采用的是学科交叉综合模式而形成的综合化课程，普遍重视培养学生的人文素质，重视教学内容的现实与工程背景，重视关键能力的培养。例如，《实用语文》《实用英语》主要采用的是同一领域内不同学科间的交叉综合，注重在提高学生基础文化素质的同时，突出语言的综合应用能力的培养主线，以能力训练统领、推动知识的传授，在教学方法上该课程加强实训;《应用数学基础》《实用化学基础》《技术物理基础》《计算机文化基础》等课程相对于传统的基础课、专业基础课和专业课三段式结构而言，既有基础课内学科的交叉综合，体现了人文与自然科学的整合，还包括了在基础课程与专业基础课程中，学科之间的相互融合，尤其是注意到了基础课程与专业基础课程以及专业课之间的界面问题，为建立公共课程和专门课程的两段式结构奠定了基础。

（二）高职课程综合的要素

学科间的一体化是由诸多因素所支持的。例如，教师在教育和科研方面有没有一定的水准，是否熟悉课程理论，掌握课程以及课程内容内在的逻辑和规律;整合动因既有直接的外部推动，又有课程体系内部整合的需求，但课程的整合必须是一种理性行为;课程整合是实践层面上外在表现形态，但其内涵必须与体现时代精神的课程理念和课程结构相契合等。因此，必须统筹考虑课程整合模式的设计和整合操作中的一些要素。

1. 主题的选择问题

在这个知识日新月异、互联网前所未有地激发了知识活力的年代，各个领域的信息资源越来越多。对教学内容的过时表示不满意，对学科领域充满热情的关心，这应该是一门学科应该具备的基本素质。"何种知识才是最宝贵的？"这一"课程理论"中的一个重要问题，其本质就是在一门课的教学过程中，对一门课的教学过程进行了怎样的筛选和整合。目前的主流看法是：在知识和未知、接受和创造、过去和未来、基本和前沿等方面，要有一个适度的紧张关系。

2. 学生

综合课程不是一种美化的装饰，其教育意义就是其真正的价值，体现为对学生的品质的关爱。其实，对于学生的知识和能力结构的再认知，才是进行课程综合的最直接的原因。然而，人的需求是无限的，也是变幻莫测的，一门能同时满足人的所有需求的综合课程，终究只是一个梦想。这些多样化的教学需求，应该以各类选择和专门化的课程为主。对于课程整合或者说需要整合的课程，不必过多地去考虑经济生活和职业世界的变幻无常，其重点是对现实和当前学生综合职业能力的培养的关注。

3. 综合课程教学实施

高水平的教师是创建高质量的综合课程的一个重要前提，也是综合课程的教学实施和既定目标的实现条件。事实上，教师在整合课程这一过程中，所面对的是多个学科，甚至是整个专业群或职业群课程内容体系，这就要求教师具有广博的专业群知识以及长期的教学和科学研究实践。因此，教师与综合课程有一种无法割裂的内在的逻辑关联，高质量的综合课程是教师专业技术造诣的一个象征。

4. 课程整合过程的选择

每一所大学，在这方面都有着自己的实际操作经验。一种综合性的课程可以运用现有的教学方法，从零到有，由少到多。当然，学生也可以根据自己在学院中的经历，逐渐形成自己的知识。前者属于"外延发展"之路，具有相当大的风险性，这些风险大多来自于各种主观和客观因素导致的一些难免的失误，但是，这些风险性往往也包含了一定的成功和创新性；后者走的是一条"内涵发展"的道路，是基于经验的自然演进与课程改革的连续性来实现课程综合的，这样做的风险较小，效果较好，但也带有一些保守色彩，要取得实际的突破性进展却不容易。在实施综合性课程建设的具体实践中，高等职业院校要从自己的角度出发，将二者有机地融合，走"外延发展"和"内涵发展"的统一之路。

5. 体现了学科融合的动态特征

课程改革是一个持续的、动态的进程，进程性是课程的根本特征，而"课程集成的动态性"则是指对课程集成进行反复的经验提炼和持续的提炼。这个过程通常由三个连续的阶段组成，首先是对经历的筛选，它的目的是去掉其中的杂质，保留其中的精华。其次，经验集成，即将经验联系起来、组合起来、协调起来。最终，把这种集成的体验系统直接投入综合性学科中去，从而对综合性学科的构建起到关键作用。当然，在每一步之间的界限有时候会很模糊。

这种课程整合的动态性使得课程在新的平台上得到新的整合，即课程的融合、拓展、改编等课程综合工作。教师要通过课程融合推出覆盖面更广、渗透性更强的综合课程。在教学过程中，教师要不断地从"货架上"挑选出新的课题，并将其融入教学内容的内部逻辑之中，从而使得教学过程更为充实、完善。在现有的课程体系下，对现有的课程体系进行了重新构建，并对现有的课程体系进行了修补，从而提高了课程体系的时代性。

6. 课程综合模式的选择

课程综合模式的选择包括三层含义：一是某种课程综合模式的解决方案不是唯一的，从不同的角度、不同的需求出发，可以有不同的结果；二是同一综合课程采用的综合模式不是唯一的，通常以其中之一作为主体模式，再选其他的一至两个作为辅助模式。三是随着科学技术的发展，学科之间的交叉和渗透越来越多，需要不断探索新的综合模式。有关资料显示，美国已经出现了以工作项目为主线，融入若干学科（专业）的部分内容，或以典型装置按某种方式分解为主线，部分构件中的技术构成为模块两种新的课程综合模式。

总之，课程的综合不是目的，而是手段。高等职业教育不要过于强调学科的综合性。综合课程应该以分学科为依托，无法替代分学科教学。专业课和专业课是互补的，也是相互促进的，一切应服从实现培养目标、提高人才培养质量这个崇高的目的。

第六章　高等职业教育的教学方法与实践

通过长期的理论研究和教学实践，人们总结了不少教学方法。由于高等职业教育注重培养学生的技术应用能力，强调理论与实践并重，因此，高等职业教育的教学方法应根据教学活动的变化，根据培养目标的要求，体现出自己的特点，构建出独特的方法体系。本章主要介绍了高等职业教育的教学方法与实践。从三个方面进行了阐述，分别是高等职业教育的教学方面、高等职业教育的教育技术、高等职业教育的实训基地建设。

第一节　高等职业教育的教学方法

教学方法是指在教学活动下，围绕教学目的，完成教学任务而采取的教与学相互作用的活动方式的总称，既包括教师教的方法，也包括学生学习的方法。教的方法是教师为完成教学任务所采取的方式、手段和程序，学的方法是学生获得知识、形成技能、发展能力所使用的方式。

所有教学方法与任何原理、法则和规律一样，均有一定的适用范围，不存在"放之四海而皆准"的教学方法。不同的师资水平、不同的学生素质、不同的环境氛围，即使是同一个教学内容，为达到教学目的和要求，也可能有教学方法上的差异，因此，只有适宜的教学方法才是好的教学方法。

一、高等职业教育教学方法的转变

高等职业教育教学方法从以教师为中心逐渐转变为以能力为中心。纪芝信将职业教育的教学方法划分为三个大类九个小类：谈话法、讲授法、读书指导法、讨论法等以语言传递为重点的教学方式；参观法、演示法等以直接感知为重的教学方式；练习法、实习作业法、实验法等以实际训练为重的教学方式。[①] 单纯就教学方法而言，高等职业教育所采取的教学方法大多也能在普通高校或中小学中应用。正是因为这样，大部分高等职业院校的教师并没有意识到自己所从事的岗位所具有的特殊性，在教学过程中依旧采取传统的教学模式，更加强调以教师为中心。教师牢牢把握课堂的主体地位，将学生视为知识的被动接受者，一味进行知识灌输。随着高等职业教育教学实践的不断开展，越来越多的人意识到这种教学方式和教学理念存在的问题和弊端，逐渐开始摒弃这种教学方式和教学理念，更加注重转变教师的地位和作用，更加强调培养学生的实践能力，可以说是对传统教学方法的创新和突破，也是教学重心的有效转移。

随着教学手段的不断丰富和优化，以及人们对教育规律不断认知，使得教学方法也发生了相应变化。近年来，随着现代科学技术的不断发展和变化，心理学、生理学等方面的新突破和新成就，以及现代教学手段的不断推广和应用，使得大部分高等职业院校的教师能够不断突破传统教学方法的桎梏，了解并借鉴其他国家所采取的先进教学方法，总结并创新出了更多符合高等职业院校教育特点的教学方法。例如，卢红学、王前新将高等职业教育教学方法总结为模拟教学法、案例教学法、模拟公司法、三明治教学法、项目教学法、角色扮演法等，这些总结和创新出的新教学方法更加符合高等职业教育的特色，也更加注重培养学生的实践能力，更加体现出了实践性和应用性的属性和特征。[②] 由于高等职业院校所培养出的学生将来大多是在生产第一线开展工作的高技能人才，因此，在教育教学过程中，教师必须注重培养学生的专业能力和所需的科学文化知识，确保学生在进入工作岗位后能够具备专业素养，从而确保学生能够获得较好的职业发展。因此，高等职业院校对实践环节非常重视，通过多种途径积极开展社会实践，重视毕业设计、实验实训、课程作业，更加注重培养学生的专业技能。有些高等职业

---

① 纪芝信. 职业技术教育学 [M]. 福州：福建教育出版社，1995.
② 王前新，卢红学. 高等职业教育学 [M]. 汕头：汕头大学出版社，2003.

院校还会特意邀请管理专家、企业家、工程师等来校开展实训课程，帮助学生获得更多实践经验，了解更多实践方面的知识；有的高等职业院校还会积极增加实践环节，引导学生投身到生产实践活动中，同时积极搭建与行业和企业的合作渠道和平台，让学生对生产实践有更深刻的了解和认知，对社会有更明确的认识，从而不断提高自身的创业能力和就业能力。

纵观多年来高等职业院校教学方法改革的发展历程，可以发现，虽然目前在教学方法研究方面理论体系构建还不够完善，但其发展变化轨迹却十分清晰，从注重以教师为中心逐渐转变为以培养学生能力为中心。高等职业院校所采取的教学方法也在逐渐突出实践性，这是反映高等职业教育特色的重要体现，也是提高学生能力和素养的重要基础。因此，21世纪以来所开展的高等职业教育教学方法改革，是高等职业教育教学思想的不断转变，也是教学研究重心的不断转变。

高等职业教学方法的实践性主要突出体现在以下几层面：一是互动性，更加强调调动学生的参与积极性和主动性，突出学生的主体地位；二是充分结合各专业的实际情况，对实践教学和理论教学的比例进行合理确定，从而不断提升专业技能培养水平，提高学生的能力和素质，突出以实践为主的特点。三是将学业和创业就业进行紧密结合，更加提倡培养学生的职业素养，让学生在实训教学中更好感受就业和创业环境和实质，增强学生的就业和创业能力。

二、高等职业教学方法——行为导向教学

（一）行为导向教学的含义

20世纪90年代末，经济的迅速发展给社会的方方面面都带来了巨大影响，高等职业教育也进入了新的发展阶段，新的经济环境对高等职业教育的创新也提出了更高要求，尤其是对教学目标的新要求，而想要创新教学目标，势必要伴随着对教学方式的创新。因此，在1999年后，高等职业院校教学方法的创新和改革受到了理论学者及高等职业院校等多方面的高度重视。

行为导向也被称为实践导向，是自1980年以来出现在职业教育教学论中的全新思潮。德国职业教育专家T.特拉姆对其作了明确界定："行为导向"是一种

指导思想，培养学生具备自我判断能力、懂行和负责的行为。可以说，是在主体不断成长和发展过程中，在实践中充分展现所收获的能力和知识。因此，行为导向教学法不是某一种具体的教学法，而是注重多种能力的教学法的统称。[①] 行动导向教学能够有效提升学生的综合能力、职业素养和全面素质，因此，也备受关注。

行为导向教学方法采取以学生为中心、以学生能力培养为根本的教学活动模式组织开展教学。教师在教学活动中所承担的角色有所转变，不再是领导者、组织者、主导者，而是成为引导者或教学活动的主持人。行为导向教学方法是让学生在刻意营造的学习氛围下更好加强对学习技能和生活技能的了解和学习；在实际教学过程中，允许学生和教师犯错，从而更好地调动学生的参与积极性，调动学生的好奇心，让学生全身心投入到学习活动中，在学习过程中有所发现、提出问题，并通过手、脑等多个感官的相互配合，共同完成学习活动。行为导向教学法是高等职业教育教学中所采取的较为新颖的教学方式，其实质和核心是在教学过程中加强对学生的引导，帮助学生提高各项能力和素质，在根本上改变传统教学模式下以教师为中心、以知识为本的教学局面。

行为导向教学活动中最为重要的是学生的学习行为。在教学中，学生和教师是处于矛盾统一体中的，都是矛盾的一方。从整体而言，矛盾双方所处的位置有了变化，学生是教学活动中的重要主体和参与者，也是矛盾的主要方面，而教师则更多承担着指导者、咨询者的角色，是矛盾的次要方面。但是，在特定环境或影响下，矛盾双方也可能会发生转化。教学过程不仅仅涉及认知环节，也涉及动作操作和情感环节。这种教学模式更加适合知识应用层面，但是，在具体实施过程中，也并不完全排斥或摒弃传统教学方式，这两种教学方式的有机结合能够有效提高学生的能力。现代认知学习论是行为导向教学法的认识论基础，与传统的教学模式相比，更能够有效调动学生的参与积极性，也更能提高学生对操作技能的掌握。

---

① 陈祝林.职业教育研究与报告 [M].上海：同济大学出版社，2001.

（二）我国高职推行的行为导向教学法

1. 模拟公司法

模拟公司法最早起源于德国，早在 20 世纪 50 年代就已经开始出现，主要是指通过对经济活动仿真模拟环境进行人为创设，使其成为开展经济教学的组织形式和教学场所，在整个过程中能够最大程度地让学生沉浸在相对真实的环境下，加强对全部业务的具体操作，确保学生能够更好厘清工作开展过程中各个环节之间的关系。同时，在虚拟的环境下，学生也不用承担经济活动风险。根据服务项目和产品的定位不同，学生可以开展证券、保险、海关、税务、贸易、金融、储运、营销、财务等多方面的业务活动。在具体操作过程中，货物是虚拟的，不需要如同实际操作过程中一样发生位移，但是，核算办法、操作方式、票据、账册等都是在充分结合现实条件和环境下所采取的运作和设计。因此，这种教学方式在一定程度上属于实践教学法。

模拟公司教学法是一种以企业管理模式来模拟真实企业管理活动的教学方法，将学生放入一个模拟企业环境中，让学生以职能部门的角色运用知识和技能，完成企业的管理工作，从而培养学生的实践能力和综合素质。

高等职业教学中的模拟公司教学法可以通过为学生创建一个模拟的企业环境，让学生以职能部门的角色运用知识和技能，完成企业的管理工作，从而让学生在实践中学习，提高学习效果。

在高等职业教学中，模拟公司教学法可以帮助学生更好地理解企业的经营管理，加深对企业管理模式的理解，掌握企业管理的基本原理，从而加强学生的综合素质和实践能力。此外，模拟公司教学法还可以帮助学生更好地了解企业的经营状况，更好地掌握企业管理的基本技能，从而更好地应对实际工作中的挑战。

模拟公司教学法本土化应用的具体建议：

（1）在模拟角色时要充分结合学生的专业，与职业需求相挂钩

学生未来想要从事哪个行业或哪个职业，就应当在模拟时选择相应的角色，比如，学生如果想要当法官，则应当在模拟活动中选择法官的角色；如果在模拟过程中发现自身的能力和素质不能胜任，就应当考虑适当转换角色，如转换为模

拟律师，在模拟律师的整个过程中要充分考量自身在案件处理方面的能力、素质和胜率。经济系的学生在模拟时也应当从基层角色开始模拟，不应当一上来就选择首席行政官，如果在基层角色的模拟过程中表现较好获得了较好的业绩，则可以选择更高层级的角色进行模拟，最终可能会担任首席行政官的角色。如果一个小职员在模拟过程中都导致公司产生亏损，那么学生就应该留在小职员的角色中不断打磨自我，或者转变思路考虑其他行业。同理，校办工厂的模拟公司要充分考量产品质量，以产品质量来进行评判，如果学生在模拟过程中经常将车刀弄断，那么其明显不符合角色能力要求。

（2）在高等职业院校内部可以组织各专业构成经济体

每个人在模拟过程中都可以选择固定的角色，可以被辞退，可以晋升，也可以选择其他公司，更可以坚持固有的角色，这就需要各个专业共同组成统一的经济体。法律系的学生可以担任律师、法官、工商税务人员、公司顾问，经济系的学生可以选择人力资源、销售或组队创业。低年级的学生在刚刚进入模拟活动时可以选择低层职员，高年级的学生则可以选择高级领导的角色，各成员可以通过电子平台进行交流。高等职业院校内部所包含的专业往往能够满足构建模拟公司的需要，如果不足，则可以加强与其他学校的有效合作，通过电子平台下订单的方式来开展商业模拟。

（3）模拟公司需要建立健全评价制度和规范标准

学校可以通过设置积分制来进行奖惩。例如，工商管理专业的学生，在参与模拟公司活动时希望能够模拟首席行政官这个角色，这就要求他必须完成每一个阶段的角色换取积分，最终才能模拟到自己想要模拟的角色。

（4）加强校企合作，优化仿真环境

通过开展校企合作加强对设备的配备，优化仿真环境，也能让企业提供更加专业的指导和帮助，从而提高模拟公司法的实用性和实践性。

2. 案例教学法

案例教学法最早源于医学教育领域，源于在教学过程中所采取的问题导向学习，其主要是指以学生为中心所开展的合作学习，强调充分调动学生的参与积极性和主动性，其实质和核心是尽可能引导学生将自己所学习到的理论知识与现实生活进行紧密联系。案例教学更加注重突出学生的主体地位，学生是整个学习活动的主导者，而教师则更多承担着协助者和引导者的角色。因此，案例教学法在一定程度上能够影响学习者和教师的行为和活动。教师为了更好完成教学活动必须要充分考量学生的实际情况、学习课程组织、教学内容关联性、案例探究和学科整合等相关内容。因此，案例教学法的应用能够有效搭建理论教学和实践教学的渠道，加强对新信息的传播，激发学生的学习积极性和主动性，培养学生养成独立思考、问题分析等的能力，从而进一步提升学生在实际操作过程中所具有的决策能力和评价能力。

作为专供教学用的案例，有如下特点：

（1）教学案例必须以事实为依据

与创作小说不同，案例必须是真实的，不能虚构；数据和名称可以进行适当的掩饰，避免隐私泄露；必要时也可以对素材进行适当删减合并，但基本事实应来自实践，基本上应是对事实真相的自述式记录，因为目的是要使学生身临其境，被带到一种真实的情境中去。

（2）案例中应包含一个或数个问题

案例中包含问题的根本目的是使学生能够在演习过程中学会分析问题和解决问题。

（3）案例需有明确的教学目的

案例准备用于哪些章节，学生借以验证、操作和运用什么概念、理论或工具，想让他们通过分析与讨论掌握和提高哪些知识与技能，教师事先应心中有数。

（4）案例教学的意义

第一，能够有效培养学生综合且相对独立的问题分析能力和解决能力。大部分问题都是相对较为复杂且是由于多种因素所导致的，没有相对较为简单的通则可以照搬照抄，必须充分结合自己对问题的分析以及自己所掌握的知识和技能来选择更恰当的解决方法。对于同一个问题，不同的人可能会选择不同的解决方式，但这些方式可能最终都会成功，这是因为不同的人所经历的事情不同，拥有的优势和长处也不同。学生在学习多个案例时，可以逐渐进行总结和归纳，结合自身特点领悟出一套更加符合自身实际情况的问题分析和解决的思路和方法，从而使自身的工作能力得到有效提升，实现量变转变为质变。

第二，案例教学法要求学生必须要在小组合作或全班讨论的过程中加强对案例的分析和学习，这样能有效提升学生的口语表达能力和沟通能力，能够让学生在与其他同学的沟通和互动中学会去说服他人或学会去为自己的观点勇敢进行表达，同时也能培养学生聆听的能力和习惯，更能锻炼学生在群体合作过程中所具有的团结合作的精神和协作的意识，这些品质是工作过程中非常重要的品质。

第三，通过案例教学还能有效丰富学生的知识储备，扩大学生的知识面。大部分学生都没有过实践经验，所拥有的素材和信息也相对较为匮乏，案例教学能够让学生最大程度地获得相对较为真实的体验，让学生的知识储备量不断提升，打开眼界，也能让学生在案例的启示下有所收获和感悟。

（5）案例教学的典型过程案例教学其典型过程有四个环节

第一，学生做好对案例的阅读和分析准备：这是案例教学方法实施过程中必不可缺少的，需要学生在课前完成。在这一过程中，教师所需要完成的工作是给学生布置思考题，并且结合思考题推荐与之相关的网上信息、参考文献，并适当对学生进行指导，引导学生写分析提纲。

第二，小组讨论：相较于班级讨论而言，在小组讨论过程中没有教师参与，且参与讨论的学生数量相对较少，因此，学生所感受到的压力也相对较小，能够更没有负担的进行充分交流、畅所欲言。在小组讨论过程中，小组成员应当尽可能达成共识，并结合实际情况对学习任务进行分工。学习任务分工主要是指对于图表绘制、参考文献查阅等工作进行分工，以及推举在班级讨论中以全组名义发言的代表。教师一般应允许同一小组中学生的书面报告使用同样的图表，以鼓励学生锻炼群体协作能力，但书面报告必须由个人分别完成。

第三，个人书面报告：口头发言不能代替书面分析，书面分析能够有效提高学生的语言使用准确度，提高学生的书面表达水平，也能帮助学生对分析进行逻辑性、精确性和条理性的梳理。考虑到书面报告有一定的工作量，教师可要求每个同学只完成几个案例的分析报告。

第四，全班课堂讨论：这是充分体现师生共同努力的重要表现，也是教学功能发挥最强烈、最完整的环节。相对较为完善的课堂讨论往往包含以下几方面：

首先需要摆事实，学生要对案例中的具体内容和主要情节进行简单回顾和总结。其次，学生需要找问题。整个案例所呈现的问题可能是多元化的，这就要求师生要对问题所包含的主要矛盾和次要矛盾进行梳理。下一步，学生需要查找原因，分析导致问题产生的主要根源。原因可能是多元化或多方面的，学生需要对原因进行深度剖析，加强主次分析，更有针对性地提出有效的解决措施和建议。所提出的"决策"当然不止一种，这便需要学生进行对照权衡，"分析利弊"。在此基础上，学生便可"做决策"了。最后，有时还可加一步"拟行动"，把决策变成为具体的行动计划。

教学需要综合运用一些知识、问题又不甚鲜明清晰、可作多种解释的教学内容，运用案例教学法较好。但是，对于问题比较单一，使用定量手段较多的内容，案例教学法似乎就不太适合了。

因此，在教学过程中教师应当充分结合课程的特点、时间、内容，充分结合自身的长处、经验，选择更加贴合教学内容的方法，只有这样才能够相互推动、各显所长，最终提高整体的教学效果。

3. 三明治教学法

三明治是源于外来语 Sandwich，这是西方一种非常常见的快餐食品，两层面包之间夹着肉馅、奶油、蔬菜等。三明治教学方法也是行动导向教学法之一。

三明治教学法最早是英国学者提出来的，主要是指实践＋学习＋再实践的教学方式。学生在进入学校后首先需要到企业内进行为期一年的工业训练，在完成工业训练后再回到学校内加强理论知识学习，然后再进入企业开展为期一年的实习。这种 1+1+1 或 1+2+1 的教学方式就被称为三明治教学法，这种教学方法的关键和实质是理论和实践的相互补充、相互促进，是将技术实践和课堂学习进行交替使用的教学方法，更加注重培养学生的动手实践能力和实际工作水平，能够更好提升学生的社会适应能力。

三明治教学法打破了传统教学模式下教师作为教学重心、以知识灌输为主的情况，更加注重推动学生的个性化发展和自主学习。为构建以学生为教学中心、培养学生能力为目标的研究性教学体系提供了强有力的参考。高等职业院校教师在活动中，大多都会采用先开展理论知识学习，然后输送学生到企业内参与实践，再回到学校中加强对理论知识的再学习，这种学习与实践交替进行、相互补充的教学方法也被称为三明治教学法。

与传统教学模式相比，这种教学方式能够有效提高学习型校园创建的能力，具体表现在以下三方面：

第一，充分凸显了以学生为主导的教学理念，通过开展实习能够有效提高师生参与的积极性和主动性。

第二，实现了实践与理论的紧密结合，更好培养人才，加强社会服务，为社会输送源源不断的成品型优质技能人才。

第三，能够充分凸显校企合作的优势和特点，从而在其他院校中能够广泛应用和推广，也能使高等职业院校在院系设置方面更加优化，更切合社会发展的具体需求。

4. 项目教学法

项目教学法是南希·弗雷（Nancy Frey）在 1993 年提出的，充分结合了项目管理理念来对教学活动进行组织，具体实施步骤包含：提出项目——项目要具有较强的教学价值和开放性；制定项目方案——要充分考量项目具体实施过程中学生所具有的学习行为以及对其行为进行改变的目标，也要充分考量不同教学要素之间的相互关系；制定项目计划——要充分结合项目资源以及学生参与的步骤制定更切实有效的计划；实施项目——要按照计划对项目进行组织实施，要充分发挥教师的主导作用，调动学生的参与积极性，充分挖掘学生的潜力；项目结束——对行为的结果进行改善和评价。

项目教学法是指在教学过程中，在教师的引导下，通过参与项目，完成项目所设置的任务的教学方法。其中，项目是指以完成一件具有较强实用价值且具体的产品为目的的任务。

项目教学法是学生对行业和社会进行接触了解的重要途径，也是充分调动学生参与积极性和自主意识的重要方法，能够充分提高学生的技术应用水平和创新能力，是非常符合高等职业院校教育背景和特点的有效方法，也是产学研一体化的重要实践成果。

项目教学法对教师也有较高的要求，要求教师必须对企业和社会有充分的了解，要能够收集有效信息，制定更科学、合理的项目任务，加强与学生的沟通和交流，在明确具体任务和各自目标的重要前提下，让学生充分结合其所学习到的专业知识和技能水平，在教师的帮助下或相对较为独立地完成项目。在完成项目后，学生还需要接受来自教师、社会、市场、经济效益等方面的反馈和评价。

项目教学法对于激发学生的自信心、创造力，培养学生的创业意识，增强学生对专业的热爱，使学生及早地接触岗位，培养学生兴趣等都有较好的效果。

5. 现场教学法

现场教学法就是在工厂、车间等工作岗位现场或者在学院的实训中心、教学工厂，按教学要求和教学目标，教师学生互动，边讲边看、边讲边练的教学过程。

学院的实训中心、教学工厂是按照工厂等实际岗位现状，模仿工作现场而精心设计的教学场所。它具有真实情景下不具备的优势：可以不破坏正常的生产、工作、生活秩序；可以方便地展示设备内部结构，以利于学生了解工作原理，循环反复地完成某一技能的训练；可以人为地设计制造一些在日常实际工作中常常出现的故障，供学生去分析、判断、排除等。

对于实训中心、教学工厂要精心设计。国外许多学校实训室的设计都采用了通透式的方式。例如，南通纺织职业技术学院的实训中心也学习采用了这种形式，同时，在各实训室的排布上体现了从低级到高级，从基础到专业，从单项到综合，从模拟到创新的设计思想，使学生完成一个实训任务、一个实训项目后，对下一个实训任务、实训项目就已经有了直观的印象，起到了潜移默化的作用。

现场教学法的优点在于：一是学生通过看和听两种器官接收信息，感染力较强，学习效果较好；二是现场讲解，事半功倍，学生一目了然，比讲授法更有说服力；三是可使学生通过真实或仿真的环境及早地接触到"岗位"，培养学生职业感情，使学生逐步进入"角色"；四是增强学生发现问题、分析问题和解决问题的能力。

除真实场景外，实训中心、教学工厂要求越接近真实越好，要能以假乱真，模拟的情况主要有：器物模拟，如模拟汽车、火车与飞机驾驶，从梳棉、并条、粗纱到细纱的生产模拟车间等；环境模拟，如商务洽谈室、模拟财会室等；人物模拟，如模仿商场里的顾客等。

总之，行为导向教学法对师生关系进行重构，积极推动了教师角色的转变，通过开展小组合作和团队合作的方式，营造良好的学习氛围和学习风气。在我国高等职业教育探索教学方法和人才培养模式的整体大环境下，由关注职业教育外在目标逐渐转变为关注学习行为，以提高学生的个人能力和整体素质为内在目标的行为导向教学方法，是当前高等职业院校在教育教学改革过程中的新趋势和新方向。

6. 角色扮演法

角色扮演法也是行为导向型的教学方式，是结合教学目标对主题和情境进行设定和模拟的。在角色扮演法的实施过程中，主要目的是完成教师所设置的多个任务，让学生在参与的过程中更好地加强对新经历和新体验的感受，使学生作为参与者而非观众，最后通过模仿行为进行具体呈现，让学生的注意力得到充分集中，在相对较为真实的氛围和环境下加强对某些具体行为的了解和体验，从而更好感知自己所扮演的角色在这一情境下所具有的行为和心理。教师要使理论知识和实践工作进行紧密结合，让学生能够加强对自我的分析和了解，更好掌握知识。这种教学方式具有较多的优点，能够引发学生思考，给学生提供实践机会，更适合高等职业院校的教育特色。

（1）角色扮演法贴合学生的学习特点

高等职业院校的学生在学习过程中的特点是相对较为明显的，往往对于自己感兴趣的知识点在学习过程中能够更加专注、兴致高昂，但对于自己不感兴趣的知识点或相对较为枯燥的知识点在学习过程中可能相对较为散漫。为了更好改变这一学习现状，提高学生的学习效果、帮助学生掌握更扎实的理论知识，高等职业教育就应当积极应用角色扮演法。高等职业院校在教育教学过程中所秉持和贯彻的目标是为社会培养和输送更多优质的专业技能人才，必须要提供更切实有效的实践渠道和机会，调动学生的学习热情。角色扮演法具有较强的趣味性，能够充分调动学生的学习热情，更符合高等职业院校教育教学特点和专业技能训练的具体要求。

（2）角色扮演法符合高等职业院校的课程特点

高等职业院校在设置课程时要尤其侧重培养和提高学生的专业技能水平，教学目标不仅仅是帮助学生加强对理论知识的了解和掌握，更重要的是培养学生的专业技能水平，提高学生对实际问题的分析能力和解决能力。日常的课堂教学能够帮助学生加强对知识的了解和掌握，但理论知识和具体实践还存在一定差距。为了更好解决这一问题，势必要求高等职业院校在课程设计时加强实践教学内容，因此有相对较多的课程都是在实践的环境和条件下开展教学的。例如，企业提供实践渠道，让学生在现场加强动手操作和实践，但每一门课程都在企业开展实习势必是不现实的。角色扮演法则能很好弥补这一问题，在课堂上对真实场景进行模拟，让学生在相对较为真实的氛围和环境下加强对理论知识的应用，解决具体的实际问题。最后，通过模拟情况，让学生更好地掌握问题的分析和解决能力，从而更好地实现课程教学目标。

（3）角色扮演法能够有效提高学生的学习兴趣，调动学生的参与热情

高等职业院校的学生在学习过程中对于纯理论部分的兴趣不高，参与积极性不强，直面授课的教学模式可能会让学生感觉到枯燥和乏味，甚至影响学生的学习质量。但是，学生非常喜欢在教师和同学面前展示自我，特别是在竞争的氛围和环境下，能够充分调动学生的好胜心，提高学生的参与积极性。因此，在角色扮演过程中，每个学生都希望能够获得教师和同学们更多的关注和认可，因而在参与过程中会更加积极和投入，从而提高学习效果。

（4）角色扮演法能够有效推动学生之间的互动和交流，提高学生的团队合作意识和精神

角色扮演过程实际上就是开展团队合作的过程，团队中的每一个成员都需要相互沟通、相互配合、相互交流，在这一过程中能够有效提高沟通能力、表达能力，还能有效培养团队合作精神和协作意识，这些精神品质对于学生的未来作业是非常重要的。因此，实施角色扮演法能够有效帮助学生加强对理论知识的掌握，提高实践能力，提升合作意识和沟通能力。

（5）角色扮演法的应用能够有效提高学生的就业能力

角色扮演的有效实施在一定程度上弥补了学生不能在实践过程中加强对理论

知识学习的缺点和不足。角色扮演法的具体实施能够让学生对企业中可能会出现的场景进行模拟和了解，也能结合实际情况加强对现状的分析和判断，提高学生对环境的适应能力，帮助学生更好发挥自身的专业能力和技术水平。学生在多次参与角色扮演的过程中能够更好把握角色的特点，以便在进入工作岗位后能够更快适应工作环境和氛围。

总之，角色扮演法能够营造相对较为真实的环境和氛围，能够充分调动学生的学习积极性和学习热情，通过有效实施角色扮演法能够提高团队整体的合作意识和精神品质，营造良好的课堂氛围，提高学生的实践水平。但是，在具体实施过程中也需要注意以下几点：

第一，在具体实施过程中，要突出学生的主体地位，教师只需要承担好引导的角色即可，要帮助学生加强对游戏规则的了解，在具体游戏开展过程中要让学生自主作出判断和决定。只有在完成游戏后，在总结过程中，才应当发挥教师的引导和帮助作用，加强对问题的分析，提出切实有效的解决措施。

第二，教师应当加强对学生的关注，要重视学生、关心学生、鼓励学生，也可以进行适当引导，帮助学生通过参与游戏更好掌握理论知识。

第三，角色扮演游戏实际上是学生展示自我的渠道和平台。游戏的开展势必会有团队之间的相互竞争，学生的竞争意识很强。因此，在实际教学过程中，教师也要加强对学生行为的关注，要确保学生能够遵守游戏规则。

第四，角色扮演能够更好地实现专业基础课程教学，让学生掌握基本技能。因此，在实际实施过程中，教师应当加强对练习过程的关注和分析，不能仅以单一结果作为评判的标准，要引导学生加强对实践和理论知识的紧密结合。

第五，角色扮演法在实施过程中也有一些问题和不足，如具体场景设计相对较为复杂，角色扮演所需耗费的时间较长，可能会挤占教学时间，因此，也应当控制角色扮演法的使用频率。在实际教学过程中，教师要结合案例教学、小组讨论等教学方法，从而确保获得更好的教学效果。

三、高等职业教学方法的创新

高等职业院校教育教学方法的创新是高等职业教育创新的重要组成部分，这是因为如果只对教学内容进行创新而不对教学方法进行有效创新，那么是不能实现整体的目标的。因此，为了实现培养优质的高技能人才的统一目标，高等职业教育教学方法在创新方面应当做到以下几方面：

（一）体现自主性与合作性

高等职业教学方法的创新应当注重培养学生的合作性和自主性。由于当前学生的求知欲不断增强、团队合作意识不断提升、责任感不断提高，学习独立性有所提升，高等职业院校在教育教学过程中以教师为主的教学模式得到了有效改变，逐渐形成以学生为主的群体合作和自学相结合的模式。合作性更多地体现在改变传统意义上填鸭式的教学方法，更加注重引导学生参与集体合作，在合作中培养合作意识和品质，如开展分组教学或集体活动等。自主性则表现在要充分加强对学生的引导，提高学生自主参与科研活动中的自觉性和积极性。

（二）强化实践性与应用性

高职教育实践性和应用性的目的是提高学生对知识的掌握程度，引导学生将所学知识转化为实际生产力，并提高学生对知识的应用能力，提高学生对问题的分析和解决能力。主要表现为：在实际教学过程中，要打破传统的教师讲解、学生记笔记的模式，要更加注重引导学生参与到实践活动中，如现场观摩、实习、实验、社会调查、社会服务等直接接触实践，再如案例分析、情景模拟等间接接触实践。以上方式能够更好地帮助学生对理论知识产生深刻了解和认知，也能帮助学生加强对实际问题的分析和解决能力，培养学生的思维意识和决策能力。

（三）强调多样性与综合性

高等职业教学方法创新不仅仅是对个别方法进行增减或改进，还体现在了对多种方式的应用和选择层面。要为社会输送优质人才，高等职业院校不仅需要对教学方法进行单一或局部的创新和改进，还应当进行整体层面的优化和创新，在具体创新过程中应当秉持综合性和多样性相结合的特点。多样性是指要充分结合教学内容的不同性、教学对象的差异性、教学目标的区别性，选择更合适的教学方法，从而提高教学质量，促进学生个性化的成长和发展。传统的讲述或灌输式的教学方法，也具有特定优势和特点，但不应当在任何教学阶段或教学情境下都使用该种教学方法。要加强对多种教学方法的了解和综合应用，从而有效突破传统教学模式下的教学弊端，更好培养优质、综合的人才。

（四）突出探索性与创造性

高等职业教学方法的探索性和创造性是指在具体教学过程中，打破传统教学模式下重视技能和知识传授的教学局面，采取更灵活多变的教学方法来提高学生的创造性和探索意识，如发现法、问题教学法等将教学和科研紧密联合起来，使科研成为教学中非常重要的一环，以此可以提高学生对科研的参与意识和积极性，这是培养学生创造性的重要途径和有效措施，也是将知识传授和创新进行有效结合的重要途径。同样，这一点也是以往高等职业教育中相对较为不足的层面，更是培养创造型人才的必经之路。

总之，教学方法是教学环节和过程的重要环节和有效组成，是教学的基本要求，直接关系着课堂教学成果、成效和人才培养的质量。是否讲究教学方法，教学方法运用得是否恰到好处，能否完成教学目的，是教师能否完成教学任务的关键。

第二节　高等职业教育的教育技术

一、教育技术的概念

教育技术经历了视觉教育、视听教育、视听传播到教育技术的名称演变。1994 年，美国教育传播与技术学会（AECT）对教育技术作了全新的定义："教育技术是关于学习资源和学习过程的设计、开发、利用、管理和评价的理论和实践。"[①] 学习过程是学生通过和环境、信息之间的相互作用来提高对技能和知识认

---

① 冯忻.当教学策略遇见新技术 [M].上海：上海教育出版社，2020.

知的有效过程，学习资源是指在整个过程中学习者所需要利用的环境条件、信息条件。教育新观念要求学生必须要从被动的刺激接收者逐渐转变为主动的信息处理者，而教师则应当承担起帮助学生提供有效的学习环境和信息资源的角色。

教育技术是指现代科学技术在教学中科学、恰当、必要的应用，基本特征是科学技术和教学过程、教学内容、教学方法的有效结合。人们更关心的是基于技术的教育系统的设计与实现，称之为教育技术系统。

二、现代教育技术在高等职业教育中的应用

现代教育技术的存在和发展，是对传统教学方法和模式的有效冲击和改变。现代教育技术的作用和优势主要体现在多媒体展示的集成性、超文本链接的选取性、大容量存储的丰富性、高速传输的便捷性、人机交互的操作性和超时空交流的共享性，使之能方便实现动态模拟展示、资料检索查询、自主学习、模拟实际操作、实时写作交流、不断反馈练习和多媒体情境创设等。具体地说，现代教育技术的应用丰富了教学的表现形式，增大了信息量；通过图、文、声、形等生动、形象、简单、直观、交互展示，可避免学生出现视觉、听觉疲劳，增强了对其大脑刺激，活跃了课堂气氛；增强了课程的传承性，能固化课程资源和教学方法，克服课随人走的情况。总之，现代教育技术的应用能增进教师与学生和学生与学生之间的交流，扩大了教育覆盖面，提高了教育水平和教学效果。要充分利用好现代教育技术，需要教师与时俱进，在保留传统教学中精华部分的同时，不断深思、探究和实践。我们在发挥现代教育技术的优势的同时，也要注意避免其副作用，避免用其完全代替传统教学，不能用计算机模拟实训演示代替学生动手操作，不能完全用电子课件代替板书，不能让学生成为观众，否则学生就可能丧失了实践动手操作能力。下面着重对多媒体技术、课程网络平台和移动学习的应用进行一些探讨：

（一）多媒体教育技术

多媒体是指通过计算机对图形、图像、音频、文字、视频、动画等信息进行综合应用和处理的计算机应用技术，在高等职业教育过程中，积极应用多媒体能

够实现现代化高等职业教育。对于高等职业院校而言，其建立的实质和根本是为了给国家输送更多高质的技能型人才，要培养学生的动手实践能力。那么，高等职业院校在实际教育教学过程中如何将提高学生的实践能力和多媒体教学进行紧密结合是非常值得探讨的。

1. 合理利用多媒体课件在高等职业教育教学中的优势

（1）利用多媒体课件的"图、文、声并茂"，激发学生的学习兴趣

兴趣是最好的老师。如果学生在学习过程中能够对所学习到的知识充满兴趣，那么他们在学习过程中会更加专注，更好地加强对专业知识的了解和学习，也能更好提高学习动力和激发求知欲。在教学过程中积极应用多媒体课件，能够让学生面对更加生动、直观的画面，给学生带来视觉冲击。相较于单调的板书而言，其更容易激发学生的学习兴趣，从而提高学生的学习积极性，进而提高学习质量。在实际教学过程中，教师应当善于应用多媒体课件，加强对教学场景和氛围的营造，提高教学内容的形象性和生动性，帮助学生进行记忆和吸收。

（2）发挥多媒体课件"直观生动"特点，使学生寓学于乐

在教学过程中，教师应当通过多种方式降低学生的焦虑感，营造更加融洽积极的氛围，让学生对教师所讲解的知识更好地理解和吸收，为后续学习奠定良好基础。多媒体课件集图、像、声、文于一体，能够更好地调动学生的学习热情，帮助学生保持高度专注力，提高学习效果和质量。同时，多媒体课件的应用还能使相对较为枯燥或相对较为抽象的知识点更加生动和直观，帮助学生更好理解和吸收。因此，教师应当善于应用多媒体课件，善于营造良好的课堂氛围，让学生在融洽的氛围下开展学习。例如，在讲解一些较难的知识点时，教师可以在多媒体课件中插入比较有趣、生动的动画，在潜移默化间使得晦涩难懂的知识点变得更加生动和直观，帮助学生加强学习。

（3）利用多媒体课件"情景教学"优势，提升学生的自主学习能力

创设情境是高等职业教学过程中非常重要的教学环节，能够帮助学生加强对知识点的了解，在特定环境下更好开展合作学习和探究活动，提高学生的学习积极性。多媒体课件的应用能够有效突破实际条件的限制，更好营造良好的氛围和

情境。在传统教学模式下，教师对教学内容进行筛选和决定，学生只是被动进行接收，缺乏主动思考。多媒体课件的应用则能有效改变这一现状，能够为教学内容提供相对较为真实且关联性较强的生活情境，帮助学生展开思考，在学习过程中发现问题、思考问题、分析问题、解决问题。多媒体课件能对生活情境进行在线和模拟，能更好地呈现开放性的问题，如角色扮演、辩论、小组讨论、游戏等，能够更好地引导学生进行参与和学习，提高学生的自主学习能力和思维水平，调动学生的主观能动性，凸显教师的主导作用。

（4）施展多媒体课件"教学大容量"特点，提高课堂教学效率

在传统教学模式下，板书耗费的时间相对较多，且板书的面积是相对有限的，在一定程度上会影响教学内容的讲述量，也会影响学生和教师之间的有效互动。多媒体课件具有大容量、大信息量的特点，能够让学生在固定时长内了解到更多的教学内容，也使教师有更多的时间与学生开展互动，能够有效提高教学结构的优化性，从而帮助学生构建知识体系，提高教学效率。例如，教师在讲解与课程教学内容相关的习题时，如果想要在板书上书写习题，可能会导致习题书写量有限，且会占用大量的时间，影响教学效果，这时，就可以通过多媒体课件进行展示。同时，多媒体课件所具有的动态、形象、直观的特点和优势也能帮助学生进一步加强对知识点的理解和吸收。因此，在实际课堂教学过程中，教师应当充分发挥多媒体课件教学大容量的特点和优势，进一步提高教学效率。

2. 有效摒弃多媒体课件在教学中的弊端

多媒体课件作为教学手段之一，所具有的优势和特点备受认可。但是，如果不能正确使用多媒体课件，那么可能也会导致其特点和优势无法发挥出来，甚至还会产生不利于教学的问题。

第一，过多依赖可能会影响师生互动。教师在教学过程中过于凸显多媒体课件的作用，忽视与学生之间的互动和交流，没有凸显学生的主体地位，也没有发挥教师的主导作用。例如，有些教师在教学过程中只是照本宣科，朗读多媒体课件中的相关信息和内容，使学生仿佛置身于会议报告中，影响学生的学习热情。教学实质上是师生之间互动和交流的双向过程，如果只是一味向学生灌输理论知

识，则必然会影响教学效果和质量。教师在教学过程中应当充分凸显学生的主体作用，要充分调动学生的学习热情，激发学习兴趣，提高学生的主观能动性。

第二，过于注重课件形式，影响教学效果。有的教师将过多的时间和精力都放置在课件精美性的制作上，使得学生的注意力被课件外在表现形式所吸引，影响学生学习的投入度，进而影响教学效果。针对不同的教学目标和内容，需要选择不同的教学过程和教学方法。传统教学和多媒体教学各有优势也各有不足，教师应当充分结合实际情况，选择合适的教学手段，进行适当融合，而不是一味使用课件，这样可能会得不偿失。此外，在制作课件时，教师也应当摒弃华而不实的风格，要更加注重突出课件所具有的教学内容而非形式，避免影响学生的学习专注度。

第三，课件在扩展信息量的同时，也在一定程度上加大了教师对课堂进行整体把握的难度。教师在使用多媒体课件时，很难对教学节奏、信息量、重难点等进行更加准确的把握，可能会导致教学节奏过快、教学信息量过多，学生在学习过程中疲于奔命，接受了太多的知识灌输，缺乏思考，进而影响学生思维能力的培养。因此，在多媒体课件应用过程中，教师应当注重把握好课堂教学节奏，要适当控制教学内容量，不要为了追求大信息量而使得课堂成为枯燥、乏味的信息堆叠。此外，教师应当加强对重难点的把握，要平衡好板书和多媒体之间的应用频率和关系，也要处理好课件教学时间、课堂讲解、学生互动、师生互动之间的有效关系，做好时间分配，提高教学效率。

第四，硬件设施不足。有些地区经济水平相对较差，学校的资金配备不齐全，大部分教室都没有配备多媒体设备。教师想要应用多媒体课件开展教学时，除了要制作课件外，还需要准备投影设备、计算机等，这会占用教师大量的教学时间，也会影响教师的教学进度和专注度。有时教师在利用多媒体课件开展教学时，可能会发生多种多样的意外，如计算机连接不上投影仪、设备故障等。因此，为了避免这类问题，资金配备相对较为齐全的学校应当设置多媒体教室，或在其他教室中配备多媒体设备，尽可能缩短准备时间，提高教师教学的专注度，提高教学效果和质量。

多媒体课件是一种新的教学方式和手段，是对传统教学模式的创新和补充，能够让教学内容更加直观化、生动化、形象化，能充分调动学生的学习热情，提高学生的学习积极性。但是，倡导教师多使用多媒体课件并不意味着要求教师一直使用多媒体课件，也不意味着彻底放弃传统教学手段。在实际教学过程中，教师要做好平衡，要充分结合不同的教学内容选择教学模式，可以使两者紧密结合，更好发挥两者的优势和特点，从而提高教学效果。

总之，现在教育技术的革新在一定程度上对教师提出了更高的要求，教师必须要了解时代发展情况，追随时代发展脚步，结合教学改革，加强对多媒体教学的创新应用，从而推动教育的进一步发展。同时，教师也应当意识到多媒体教学还存在一些问题和不足，在教学过程中如何做到扬长避短是对教师提出的要求和挑战。教师在教学过程中应当加强传统教学模式和多媒体教学的紧密结合，从而优化人才培养方式，提高教学效率，为社会输送更多高素质技能人才。

（二）网络平台教育技术

随着学校图书馆、教室等场所计算机的配套逐步完善，以及学生自有计算机比例的上升，网络教学平台的应用越来越显示出了必要性和重要性。利用网络教学平台，学生能更好地自主学习，锻炼提高自身的学习能力。

随着信息技术的高速发展，在"互联网+"时代背景下，MOOC（慕课）、SPOC（私播课）等形式的网络教学方法在教育方面迅速发展，并得到有效应用。SPOC（私播课）属于小规模限制性在线课程，相较于 MOOC 而言更加便捷、更加小众、针对性也更强，这也使得 SPOC 在教育行业内的应用更加广泛。SPOC 网络教学活动的有效开展需要相对较为完善的网络教学平台进行支撑。

1. 网络教学平台的概念及功能概述

网络教学平台，也被称为网络教学支持平台，是现代教育技术的一大新发展，是提高教学效果、帮助学生开展自主学习的有效途径，能为爱学、想学的学生提供良好和丰富的资源和学习园地，也能为教师的课堂教学带来很大便利。

网络教学平台有广义和狭义之分。广义的网络教学平台是指包含支持网络教学的软件系统、硬件设施、设备等。狭义的网络游戏平台是指在互联网基础上，为网络教学的有效开展提供服务和支持的软件系统。网络教学平台是学习平台而并不是教学服务网站。课程是网络教学平台的核心，每一门课程都有相对较为独立的学习区、管理区、交流区、资源区等。不同的网络教学平台所具备的功能也存在一定的差异性，但都能够给学生和教师提供海量的可操作、高稳定的教学资源。

下面介绍网络教学平台的几种功能：

（1）内容资源管理功能

内容资源管理功能对多种文件格式进行兼容，使 Excel、word、Powerpoint、视频、音频、图形等资源能够便捷分享，可以管理、审阅、接收学生作业，了解学生间的资料付款情况，发布通知，对重要的日程安排进行提醒，查看任务实施等，使学生能够随时随地上网学习。这个功能是网络教学平台中相对较为基础和核心的功能，教师只需要通过使用浏览器、收发电子邮件就可以对课程进行有效管理。

（2）在线沟通与交流是网络教学平台中非常重要的功能

大部分的平台都具有群发邮件、虚拟教室、讨论区等三种交流渠道。对于群发邮件，教师可以结合课程践行用户身份建群，利用群组发送邮件。对于虚拟教室，教师可以借助交流工具加强在线答疑、在线辅导、课程内容展示。对于讨论区，教师可以借助在线论坛引导学生进行提问，通过提问开展讨论，提高学习效果。教师借助在线交流功能还能有效实现异步教学、同步教学、自主教学。

（3）考核管理功能

在非面对面学习中，教师必须要加强考核，这是对学生参与积极性和主动性进行评价的重要方式，也是检验学习效果的重要途径。通过考核管理功能可以加强对试题库管理、实时测验创建、定时测验，以及建立在线成绩表。在试题库管理层面，平台可以提供海量的题型，教师可以充分结合实际教学内容和实际情况制定更具有针对性的试题；在创建实时测验层面，平台可以对学生所完成的考核进行自动打分，让学生在完成考核后就可以得到成绩；在定时测验层面，教师可以通过平台对考核的起止时间进行设置，从而提高考核的开放性；在在线成绩簿建立层面，教师可以设置分类索引，及时对评分细目进行查阅。

（4）系统管理功能

登录教学平台的用户主要包含学生、教师、管理员。系统管理功能主要针对管理员和教师，具体包含注册系统、创建课程，更新资源、对学习过程进行跟踪、对学习效果进行衡量和统计，整合课程题库、整合课程资源，提高资源共享率管理考评体系和题库；对各模块进行拓展管理等。

2. 对于网络教学平台的改进建议

（1）就学校而言，要转变观念

教育信息化是实现教育现代化的重要基础和前提。高等职业院校加强硬件基础设施建设就是要在图书馆、信息中心等地配置足够的计算机，确保学生能够进行学习和利用；优化校园网络系统，让学生能够随时随地通过手机登录平台开展学习；优化网络条件（网速、上网环境等），让学生能够更加便利地开展学习。高等职业院校要发展数字化图书馆，加强软件基础设施建设；要构建基于平台的移动客户端程序；要优化教学资源库，为学生学习、教师备课提供强有力的资源支持。为了更符合当前碎片化学习的状态，高等职业院校可以对课程资源进行优化和设计，使其呈现微课形式，同时，引导教师加强对微课视频的录制和设计，让学生能够利用碎片化时间更好开展学习。例如，将微视频制作成视频切片，通过多种多样的渠道分享给学生，让学生结合自己的兴趣爱好和实际学习状况加强学习。

（2）就学生和教师而言，应当转变教学方法

在传统教学模式的影响下，有相当一部分教师更加习惯于传统的课堂授课教学模式，对借助网络教学平台来开展教学活动显得有些力不从心。学院应当加强相关培训，使教师能够熟练掌握平台的操作方式，学会对课程进行设计和编辑，学会资源上传下载。同样，学生受传统教学模式的影响，对需要借助网络教学平台来开展学习也显得不适应，学院应当加强宣传和引导，教师也要加强适当讲解，帮助学生加强对平台的了解和应用，同时还应当积极开展协作学习。

（3）就技术人员而言，要提高服务质量

技术人员的水平在一定程度上会直接影响网络教学平台所提供的服务质量高

低。因此，作为平台的执行者开发者、设计者，技术人员应当积极转变观念，提高专业水平，加强对网络教学平台的优化和完善。技术人员必须具备持续性学习的意识，不断发现网络教学平台在应用过程中存在的不足，进而不断优化和提高。

（三）移动学习

随着"互联网＋教育"的发展，打破时空限制的移动学习越来越受到学习者的关注和重视。智能手机由于具备操作简单、便捷性高等特点，正成为移动学习的主力军。高等职业院校的学生往往正处于好奇心强、善于发掘新鲜事物的时期，因此，也会成为借助手机开展移动学习的主要人群。《教育信息化十年发展规划（2011—2020 年）》明确指出："推动信息技术与高等教育深度融合，创新人才培养模式，促进教育质量全面提高。"2019 年，国务院发布《国家职业教育改革实施方案》明确建立健全信息化建设办学标准，建立职业教育质量评价体系，推进高等职业教育高质量发展。由此可见，国家非常重视质量监测、教育质量保证手段和信息化教学工作。因此，加强对高等职业院校学生借助手机开展移动学习的研究不仅仅是响应国家相关政策和时代发展，也是高等职业院校开展信息化教学的重要途径和迫切需求。

1. 移动学习的内涵

卡内基梅隆大学的无线电基础研究项目 Wire—Less Andrew 从 1994 年开展至今已经将近 30 年了，但是移动学习的发展速度却并没有想象中快。直到近年来，通信技术迅速发展，无线通信终端设备、智能笔记本电脑、智能手机得到迅速发展，使移动学习得以迅速发展，呈现出令人欣喜的发展态势。特别是在疫情的冲击和影响下，移动学习更是将自身的优势发挥得淋漓尽致。目前，学术界对于移动学习还没有相对较为统一的定义，欧洲和美国称之为 M—Learning 或 Mobile Learning，戴斯蒙德·基更（Desmond Keegan）提出，移动学习属于远程教育的第三个发展阶段，位于远程学习、数字化学习之后。也有学者认为，移动学习是指通过移动设备所开展的学习活动。特拉克斯勒（Traxler）认为，"移动学习是由手持或掌上设备作为主流技术提供的教育"。[①] 有的学者认为，移动学习是交互性

---

① 翁克山，李青 . 移动学习概论 [M]. 北京：光明日报出版社，2014.

学习，北京大学现代教育技术中心移动教育实验室指出：移动教育是指依托目前比较成熟的无线移动网络、国际互联网及多媒体技术，学生和教师通过使用移动设备更为方便、灵活地实现交互式教学活动。[①] 有的学者认为，学习者是移动学习的中心。夏普勒斯（Sharpies）等认为，"移动学习的焦点不是设备，而是学习者的移动性"。[②]

虽然移动学习的定义还不够明朗，但结合学者们的观点，可以发现，移动学习的内涵主要包含几方面：一是其属于远程教育的产物，是数字化学习的具体体现和发展。二是开展移动学习必须要依托于相关设备，是突破时空限制的。三是学习者是移动学习的中心，具有交互性、自主性、灵活性的特点。

2. 移动学习的优势

通过移动学习内涵可以发现，其具有较为鲜明的优点和特色，主要体现在以下几方面：

（1）更符合高等职业院校学生的特点

高等职业院校的大部分学生都已经成年，价值观和世界观都得到了一定程度的建立。相对于中小学生而言，他们具有更强的自控力。作为非常年轻的群体，他们的思维非常活跃，对于新鲜事物的求知欲和探索欲更加旺盛。特别是随着智能手机的飞速发展和普及，基于智能手机的移动学习更受到这部分学生的欢迎。例如，高等职业院校的学生可以通过手机进行学习，教师可以从后台数据了解学生的学习状况、具体轨迹、任务完成情况等，通过对数据进行分析和整理，能够有效把握学生的学习成效和进度，从而提供更具有针对性的帮助和引导。

（2）能够改变教育教学形式

一方面，通过开展移动学习能够有效突破时空限制，特别是在疫情期间，其优势得到不断凸显。移动学习本身就是对传统课堂教学的突破和创新，是一种新教学方式，可以让学生随时随地参与教学活动，加强对新知识的获取。部分相对较为枯燥或相对较为复杂的知识也可以通过这种新的学习模式转变为更生动、形

---

① 钟元生.移动电子商务[M].上海：复旦大学出版社，2012.
② 谭宗燕.基于移动学习的大学英语课程设计研究[M].长春：吉林出版集团股份有限公司，2020.

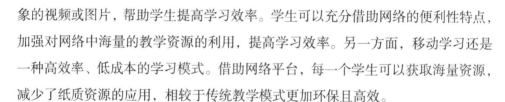

象的视频或图片，帮助学生提高学习效率。学生可以充分借助网络的便利性特点，加强对网络中海量的教学资源的利用，提高学习效率。另一方面，移动学习还是一种高效率、低成本的学习模式。借助网络平台，每一个学生可以获取海量资源，减少了纸质资源的应用，相较于传统教学模式更加环保且高效。

（3）更加贴合碎片化学习的需要

移动学习具有便捷性、交互性、自主性、灵活性的特点，学生可以充分利用碎片化的时间投入到学习活动中。随着不断积累，最终构建相对较为科学、完善的知识体系。学生在整个过程中能够更加灵活、自由地控制自己的学习活动，进而获得更多自主权，提高学习热情。碎片化学习的时长相对较短，在较短的时间内学生的注意力能够得到高度集中，进而提高学习效率。

（四）数字图书馆

21世纪图书馆想要适应当前时代发展就必然需要加强数字图书馆的建设，虽然目前传统图书馆并不会被市场所彻底淘汰，但随着网络的进一步发展，以及电子出版物的市场占有率进一步扩张，数字图书馆在未来的发展趋势将逐渐明朗，占据着越来越重要的地位。随着国家相关政策的出台和调整，职业技术教育的发展令人欣喜，高等职业院校也应当加强对整体大环境的了解和认知，加强对数字图书馆的建设。近年来，大部分高等职业院校非常重视数字图书馆的建设，在设施配备等方面提供了强有力的支持，整体工作进展令人可喜，但不可否认，在数字化建设过程中还存在一些问题和不足，必须加强重视，进行有效解决。

1. 建立高等职业院校数字图书馆的必要性

近年来，高等职业院校得到了飞速发展，培养出了很多优秀的高技能人才，为国家发展和社会进步提供了源源不断的人才支持。为了更好提高人才培养效率、提供有效的教学资源支持，高等职业院校就必须加强对数字图书馆建设的重视。

（1）数字图书馆的建设是推动高等职业教育发展的重要动力

数字图书馆的建设具有较强的优势和意义，能够对信息资源进行汇总、收集、整理、加工，从而为教学提供更强有力的支持。数字图书馆的建设能够有效突破时空限制，营造出更优良的学习氛围和环境，提升学生的学习能力和素质。

（2）数字图书馆能够为教学活动提供更强有力的信息服务

衡量一个图书馆发展好坏的重要因素是用户在图书馆中能够搜索到的信息数量、信息质量低，以及在搜索过程中所需耗费的时间成本等。数字图书馆在衡量指标方面具有非常鲜明的优势，所涵盖的信息资源非常丰富，搜索信息非常便利、快捷，整体耗费的时间成本相对较低。因此，对于用户而言，借助数字图书馆能够有效提高学习效率，改变工作方式。

（3）数字图书馆的建设还能有效提高信息资源的利用效率和共享程度

数字图书馆的运行和应用都依赖网络开展，可以 24 小时给读者提供信息服务，读者可以随时随地获取自己想要的信息，真正突破了时空限制。而且，读者可以随心所欲地在任何地点加强对信息资源的获取，包括视频、图像、文字等，因此，数字图书馆在一定程度上有效丰富了信息服务的内容，也拓宽了服务空间。

总之，高等职业院校加强数字图书馆建设势在必行，大部分高等职业院校也都具备建设数字图书馆的基本条件。绝大多数高等职业院校内部都有校园网，网络条件符合要求，且计算机普及率也相对较高，在学生宿舍、教学场所、图书馆等都有较多的计算机。如果能建成数字图书馆，那么学生和教师可以足不出户就能获取海量的图书信息资源，提高学习或教学效率。

2. 加快高等职业院校数字图书馆建设的对策

（1）转变观念，树立科学合理的发展目标

高等职业院校应当充分意识到数字图书馆的建设和发展在一定程度上是推动高等职业院校整体发展的重要推动力。想要实现高等职业院校数字图书馆建设，就必须要充分彰显出数字图书馆的特色化、个性化发展。因此，高等职业院校必须要积极转变发展观念，要充分意识到在数字图书馆建设的重要意义和必要性，制定更切实有效的政策措施。特别是地方教育部门，要充分意识到数字图书馆建设的整体趋势和未来发展方向，要制定更符合高等职业院校数字图书馆建设的相关政策措施。例如，在对高等职业院校进行办学评估时，应当纳入图书馆的数字资源建设、网络化、自动化等情况，从而倒逼高等职业院校加强对数字图书馆建设的重视。

（2）加强资金支持，配备硬件设施和软件设施

高等职业院校应当充分意识到数字图书馆建设的重要性，要设立专项资金，提高资金支持力度，更新图书馆藏书，优化网络技术。网络的飞速发展及计算机的广泛应用为数字图书馆建设奠定了良好基础，而传统图书馆的编目查询、馆藏分类、资源共享等原有的模式将是推动数字图书馆建设的重要基础，如果没有传统图书馆，那么也将不会有数字图书馆。因此，高等职业院校必须加强资金支持，要提高网络环境和信息技术的服务创新和技术革新，实现新的活力和生机。

（3）加快专业队伍建设

当前部分图书馆的工作人员服务水平、知识结构、文化素质还不能满足未来数字图书馆建设发展的需要，因此，必须加强对工作人员的培训，要通过研讨讲座、继续教育等途径有效提高工作人员的综合素质，还要对工作人员提出更高要求，使工作人员保持持续学习的状态，同时督促工作人员加强对图书馆相关知识、网络技术、计算机技术等的了解和学习，掌握网络安全维护、知识产权保护等方面的知识，从而使其成为素质较高、专业能力较强、知识储备较为丰富的综合性人才，更好满足数字图书馆的建设和发展需要。

三、现代教育技术在高等职业教学改革中的主要作用

（一）提升学生的学习兴趣

现代教育技术的应用能够有效激发学生的学习热情。高等职业院校中的部分专业知识可能相对而言较为枯燥和乏味，对于部分学习能力相对较弱的学生而言，学习进度、学习过程、学习目标都会带来一定的压迫感和心理障碍。有些学生甚至会过于抵触传统教学模式，进而可能会对本专业的教学内容产生排斥感和厌烦心理。高等职业院校通过引入现代教育技术则能帮助学生收获不一样的教学体验。通过图片、声音、影像、课件等形式能够有效改变教学氛围，提高学生的学习热情，让学生能够更专注地投入专业课程的学习中。

（二）增强教学效果和提高学习效率

现代教育技术能够有效提高教学效率和教学质量。应用现代教育技术使得教

师必须要对教学方法、教学内容进行相应调整，在一定程度上拓展了授课模式、理论实践、知识结构，进而有效提高了专业课程的教学效果和质量。同时，教学内容的丰富和变化，也在一定程度上调动了学生的参与积极性，提高了学生的参与热情。

（三）促进了主动性学习

现代教育技术相较于传统模式而言，更加灵活多样，更能突出学生的主体地位，也能更好提供针对性的教学，从而培养学生的学习热情，提高学生的学习主观能动性。

第三节　高等职业教育的实训基地建设

高等职业教育实训基地是为了更好地提高学生的动手能力和实践能力，通过校企合作所设置的实训场所。通过建立实训基地是为了更好实现高职教育的教学目标，同时，实训基地的工作状况和基础设施配备情况在一定程度上也会直接反映出学校的教学水平和整体质量。教育部门应当加强对实训基地的重视，加强管理、建设、领导。实训基地也必须要严格贯彻相关政策方针，遵循基本规律，不断提升实训基地整体的教学水平和质量，加强对优秀人才的培养，提高人才的职业素养、技能水平、知识储备。实训基地在建立过程中也要充分结合职业教育的整体发展趋势和社会的经济发展环境，要统筹兼顾，做到科学设置，将实训基地打造成集技术服务、职业技能鉴定、培训、教学等于一体的经济和社会效益实体。

一、实训基地建设的原则

政府要加强统筹兼顾，充分结合省、市经济建设发展情况及产业结构调整情况对职业学校人才培养的需求。各级政府都应当积极投身到实训基地建设中，要以市或行业为单位，加强物力、人力、财力等方面的支持，建设设施完善、功能合理、规模适当、设备先进的实训基地。在建设实训基地时，要充分结合市场需求和社会需求，用新机制、新体制、新模式、新思路加强基地建设，要构建社会参与、校企合作的新模式，完善多渠道资金筹措、以政府投入为主的资金筹措机制，要运用市场规律来对其进行管理和运营。

经济建设要量力而行、统筹兼顾、与时俱进、分步实施，要能够立足于当前的实际情况，又能够捕捉未来的发展趋势，以长远眼光制定更切实有效的实施方案。不同类型、不同地区的高等职业院校也要充分结合本学校或本地区的实际情况建设更符合本学校或本地区特色的实训基地。在经济建设过程中，要着重突出高等职业院校的主干专业，确保实训基地能够培养出更高效、更高质的优质人才。在实训环境营造方面，要注重突出真实性，可以充分结合专业大类对实训中心进行设计，要邀请企业参与进来，确保环境的真实性和有效性，让学生在相对较为真实的环境下，结合未来职业的具体要求，操作并掌握基本技能。

实训基地在建设方面要注重突出专业先进性，要充分结合职业院校的实际情况和教学特色，充分结合行业或地区的发展趋势和技术特点，加强对教学仪器设备的更新和完善，提高仪器设备的专业性和科技含量；要对教学方法进行优化和创新，不断突出现代化手段，让学生在参与过程中掌握本专业或本行业的先进技术应用、工艺路线和技术方向。

实训内容设置要充分突出综合性特点，让学生通过实际训练掌握基本技能和核心技术，提升综合素质和专业水平。实训基地要提高服务的开放性，既要满足高等职业院校的学生开展基础技能实训，也要满足各类各级职业技能的服务、鉴定、培训活动，使实训基地能与经济社会发展紧密结合。

二、实训基地的基本功能与主要任务

实训基地的基本功能为：承担高等职业院校的实训教学任务、实践教学活动，承担专业技术技能鉴定考核工作，开展非学历教育职业技术技能培训，加强技术开发、专业研究、新技术应用推广等。

实训基地的主要任务有：

第一，结合专业岗位对学生技术技能掌握情况的具体要求和专业的教学计划，制定更加科学合理的实训方案和计划，制定培训教学大纲。

第二，结合教学大纲和岗位实际需求加强岗位技术培训。

第三，结合本专业的人才培养目标对实训教材进行编写。

第四，积极开展专业技术应用研究，加强对新技术、新材料、新工艺的开发和研究，实现产学研一体化。

第五，开展专业技术技能资格鉴定。

第六，对专业教师组织实践教学方面的培训活动，提高"双师"队伍的建设力度。

第七，充分结合岗位需求、科技发展、就业岗位等的实际变化和具体情况，加强对技能培训内容和项目的优化和研发。

三、实训基地的设立与经费投入

高等职业教育的实训基地按其职能和规模可分为国家级、省级、校级实训基地。国家级实训基地要建成国内一流，成为各省实训基地建设的示范基地；省级实训基地也要努力建成省内一流，成为省内实训基地建设的模范；各职业院校也要积极组建校级实训基地，积极培育新专业增长点。通过构建实训基地的三级脉络，能够提高整体的基地建设水平，进而提升高等职业院校的教学水平，让其成为促进经济发展的重要推动力。实训基地在建设过程中需要通过校企共建、学校自筹、政府投入、行业联合等多种途径的资金筹措渠道，实现共同发展、共同建设。

国家级实训基地是国家根据社会经济发展对人才需求紧迫状况的分析重点扶持的有关支柱产业相关专业领域的实训基地，一般由各省教育厅在省级实训基地中选择推荐。中央财政以专项资金支持国家级实训基地的建设，各省教育厅也将在资金和政策上给予支持。

省级实训基地建设由省教育厅根据各省重点支持发展的行业和专业领域，采取申报、专家论证相结合的方式，确定每年重点支持建设的项目，编制年度建设计划，同时，省财政还会以专项资金的形式支持年度计划。申报省级实训基地的基本条件如下：

第一，学校定位准确，专业建设特色鲜明。

第二，具备产学结合、校企合作的条件，参与合作的企业3家以上。

第三，具备可持续发展和资源共享的基础条件。

第四，具备良好的办学条件：参与实训的专业，举办时间应当超过三年，毕业生一次性就业率应当超过80%，在校生数量应当超过200人，要配备一定数量的"双师"专业教师等。

校级实训基地由学校根据社会经济发展和专业建设的需要确定并实施建设。

四、实训基地的资源建设

实训基地的实施建设应当体现先进性，要符合环保相关标准和要求，设施配套要齐全，要能够正常开展培训任务，教学场所的生均建筑面积也应当符合国家相关部门规定的标准，实训基地中所配备的仿真、模拟技术和培训设备应当与企业标准一致，或超过企业的配备标准。仪器设备应当设置合理，要能够满足学生的操作需要。实训场所中的控温、照明、通风、电、水、气等都应当符合标准要求。实训基地还应当加强环境建设，要融入企业文化，营造相对较为真实的工作氛围和环境。

实训基地要加强教师队伍建设。基地主任应当具有高级职称，也应当配备技师以上职称的专业骨干，配备双师型指导教师，通过与企业进行合作，邀请企业中的技术能手、技术骨干、管理人员等成为实训基地的兼职教师，且占比应当超过20%。

实训基地应当加强对实训课程的改革和优化，最大程度地完成高技能人才培养的综合目标，要构建专业技能、基本技能、综合实践技能相结合的实践教学体系，要改变传统教学模式下实践过于依赖理论的教学问题和现状，增加综合性、设计性、公益性的项目式实训课题，设计递进式的技能与技术项目，积极开展职业技能考核鉴定。

实训基地要加强教材建设和教学文件建设。对于独立设计的实践教学环节应当匹配技能培养目标和教学大纲，开发和研究相应的教材。实训基地建设应当加强理论研究，也要积极研发教学成果。

五、实训基地组织管理与运行机制

实训基地是相对较为独立的教学单位，应当配备专门的实践指导教师和管理人员，建立健全、合理科学的人员管理制度和队伍建设；还要明确各岗位的分工细则和岗位职责，制定奖惩制度，明确考核办法，健全师资培养计划。实训基地工作人员尤其是指导教师，应当有相匹配的技术职务、学历、技能结构，以确保教师能够给予学生更专业的指导。

实训基地还应当不断建立健全、科学、合理的实践教学制度，要明确教学计划，制定教学规程，设计教学大纲；要建立职业综合能力、职业技能、职业素质等相匹配的实训教学体系，并建立健全规章制度；要建立教学质量监督、调控、检查、保障体系；要建立与教学运行相匹配的管理制度；要加强对实训项目的研究和开发，优化和完善教学内容，创新教学方式，提高教学水平，提升教学质量。

实训基地要加强资源共享，提高对实训设施的利用效率；要签订合作协议，在协议的具体引导和统筹下，区域内的职业院校可以积极利用实训基地开展实训教学、科研活动或其他活动。实训基地还应当加强与企业行业的合作，通过向企业或行业输送智力、人力、技术服务来取长补短，实现共赢。

实训基地要严格遵守国家的相关法律法规，要落实劳动保护实训环境管理等的相关制度要求，要遵循文明生产、安全操作规章制度，要营造良好的氛围和环境。实训基地要积极引入企事业单位等社会力量的参与，遵循"互惠、互利、自愿、双赢"的基本原则，通过股份制开展合作，加强人力资源、教育资源、资金、相关设备、土地等的入股，也可以积极吸引外资注入，实现合作办学。

参考文献

[1] 柴蓓蓓 . 信息时代下高等职业教育发展 [M]. 长春：吉林出版集团股份有限公司，2020.

[2] 蒋庆荣 . 中国高等职业教育治理模式研究 [M]. 长春：吉林大学出版社，2021.

[3] 郭扬 . 高等职业教育三十年探索与研究 [M]. 北京：冶金工业出版社，2021.

[4] 李承先 . 高等职业教育新论 [M]. 北京：中国书籍出版社，2018.

[5] 沈怡玥 . 高等职业教育理论与发展新探索 [M]. 北京：中国书籍出版社，2021.

[6] 汤晓军 . 中国高等职业教育国际化研究 [M]. 苏州：苏州大学出版社，2021.

[7] 唐一科，甘永诚 . 重庆民办高等职业教育教学改革研究与实践 [M]. 重庆：重庆大学出版社，2021.

[8] 周建松 . 高等职业教育高质量发展研究 [M]. 杭州：浙江大学出版社，2020.

[9] 涂凯迪 . 高等职业教育管理理论与实践创新探索 [M]. 长春：吉林人民出版社，2022.

[10] 刘建林，朱晓渭 . 陕西高等职业教育改革创新实践研究 [M]. 北京：北京理工大学出版社，2020.

[11] 耿云红 . 高职校企合作现状分析与对策研究 [J]. 智库时代，2018（43）：104，106.

[12] 贺立民 . 浅谈高等职业教育 [J]. 中国环境管理干部学院学报，2006，16（2）：2.

[13] 何方容 . 高等职业教育评价改革思路 [J]. 苏州市职业大学学报，2022，33（1）：43-48.

[14] 吴雨 . 高等职业教育形象的意蕴、困境与突破 [J]. 湖北开放职业学院学报，2022，（21）：34-36，40.

[15] 吕鑫祥 . 高等职业教育教学理念的比较研究 [J]. 中国大学教学，2003，（8）：26-27.

[16] 娄宗勇 . 高等职业教育内涵浅析 [J]. 中国多媒体与网络教学学报（电子版），2020，（29）：208-210.

[17] 朱永坤 . 高等职业教育人才培养目标的层次性困境及体系构建 [J]. 职教通讯，2022（12）：41-51.

[18] 龚佑红 . 现代高等职业教育创新发展探究 [J]. 中学政治教学参考，2022，（13）：88.

[19] 钱丽云，刘任熊 . 构建高等职业教育质量保障体系的举措研究 [J]. 教育与职业，2020（14）：45-49.

[20] 高雅妮 . 探寻信息化背景下高等职业教育发展与改革 [J]. 大学，2021（35）：24-26.

[21] 赵磊 . 高等职业教育国际化发展战略研究 [D]. 武汉：中南财经政法大学，2021.

[22] 赵振 . 高等职业教育视角下企业大学教学质量提升策略研究 [D]. 上海：华东师范大学，2022.

[23] 牛海燕 .21 世纪以来我国高等职业教育政策发展研究 [D]. 南昌：东华理工大学，2019.

[24] 黄平平 . 高等职业教育价值取向研究 [D]. 成都：四川师范大学 ,2022.

[25] 刘梓涵 . 北京市高等职业教育发展问题及其对策 [D]. 北京：首都经济贸易大学，2021.

[26] 李晴 . 我国高等职业教育办学特色研究 [D]. 福州：福建师范大学，2008.

[27] 王磊 . 高等职业教育产教融合协同育人共同体建设研究 [D]. 南昌：南昌大学，2021.

[28] 赵利堂 . 高等职业教育质量第三方评估研究 [D]. 重庆：西南大学，2018.

[29] 刘莹 . 高等职业教育专业课程目标开发的实践研究 [D]. 石家庄：河北师范大学，2018.

[30] 曾秀娥 . 高等职业教育人才培养模式研究的可视化分析 [D]. 南昌：南昌大学，2018.